죽을 만큼 힘들 때 읽는 책

죽을만큼 힘들 때 읽는 책

장웅연 지음

담앤북스

삶의 의미를 묻는 것이 취미다. 그 마음을 다시 한 번 책으로 엮었다. 글쓰기는 힘들고 돈이 되지 않지만 그래도 내게는 재미있는 일이다. 평소 좋아하는 48개의 선문답을 골라 나의 삶에 비춰 보면서 '어떻게 하면 죽을 때 후회가 덜할까' 방도를 고민했다. 선문답들은 그간 책에서 보거나 불교신문 기자생활을 하면서 주워들은 것들이다. 선불교의 역작인 《무문관無門關》에 수록된 48칙則을 따라 했다. '수시垂示-본칙本則-착어着語-평창評唱-송頌'이라는 선어록의 전통적 구조도 차용했다. 참신할까 싶어서 시와 산문을 섞어도 봤다. 교정을 위해 찬찬히 읽어보니, 분노와 불안을 다스리는 데 어느 정도 효과가 있다. 이번 책 역시 사랑하는 아내에게 바치는 책이다. 또한 한두 개의 구절이라도 사람들에게 유용했으면 좋겠다. 원래 어느 잡지에 실었던 글인데 처음부터 다 뜯어고치며 지난겨울과 이번 여름을 보냈다. 내가 어느 수준까지 철학적 언어를 구사할 수 있는지 도전해보는 시간이기도 했다.

인생이 처음이라 실수가 많았다. 처음이니까 어쩔 수 없었다, 이만하면 됐다, 생각하기로 한다.

2019년 한여름
웅연

차례

낙심하지 마라.
어떻게 살든 최선의 삶이다.

슬퍼하지 마라.
누구나 어쨌든 죽는다.

아파트 엘리베이터 안에서 나의 피를 빠는 모기를 손바닥으로
쳐 죽였다. 모기는 정말 죽을죄를 지었기 때문에 죽은 것인가.
우연히 엘리베이터에 모기가 기어들어왔고 우연히 내가
그와 함께 동승하게 된 것이다. 모기가 나에게 앙심을 품어
굳이 내 피를 빨려고 한 것은 아니다. 빨았어봐야 또 얼마나
빨았겠는가. 다만 자기도 먹고 살아야 하니까 그랬을 뿐이다.
그리고 내 몸에 비해 그의 몸이 훨씬 덩치가 작고
내 힘에 비해 그의 힘이 훨씬 보잘것없으니까, 시체도 못
건지고 처참하게 죽은 것이다. 모기의 참변은 억울하다.
심지어 그의 흡혈이 아프지도 않고 죽을병을 옮기는 것도
아닌데, 단지 가렵고 짜증난다는 이유만으로 나는 그를
죽였다. 모기의 억울한 죽음 앞에서 과연 나는 나의 죽음을
억울하다고 말할 수 있는가.

천문학자들의 자살률이 상대적으로 높다는 얘기를 어디서
주워들었다. 우주 안의 무수히 많은 점 가운데의 하나의
점으로 보이는 지구가 허망하게 느껴져서 그렇고,
지구 안의 무수히 많은 점 가운데의 하나의 점일 뿐인 자신의
존재가 참담하게 느껴져서 그렇다고 한다. 이 소문이 사실이
아닐지라도 어떤 교훈을 준다. 나를 끙끙 앓게 하는 문제란,
내 안의 무수한 세포들 가운데의 하나에 지나지 않는다.
먼지가 나인 줄 알았다.

#01
윤회

바퀴 륜.
돌 회.

인생은
하나의 거대한 바퀴여서

어떻게든 굴러가게 되어 있다.

늘 돌아가게 되어 있고
가끔 돌아버릴 수도 있으나
언젠가는 반드시
돌아오게 되어 있고

또 언젠가는 반드시
새것으로 교체하게 되어 있다.

폐타이어를 들고 집에 가는 하느님.
"어? 술집이 새로 생겼네."

○

《삼국유사》에 나오는 이야기다.
원효元曉 대사가 혜공惠空이란 스님과
경북 포항에 있는 항사사恒沙寺란 절에 살았었다.
책장에는 책이 있고 담장에는 담이 있다.

둘이 친해져서 자주 어울려 놀았는데,
주로 냇가에서 물고기를 잡아먹고는
같이 똥을 누면서 놀았다.
새장에는 새가 있고 쓰레기장에는 쓰레기가 있다.

여느 날처럼 잡아먹은 어느 날,
똥을 싸던 원효가 똥을 싸던 혜공에게 말했다.
"네가 눈 똥은, 내가 먹은 물고기다!"〔汝屎吾魚, 여시오어〕
새장 속의 새가 죽으면 쓰레기장에서 산다.

오늘날엔 그들의 절을 오어사吾魚寺라 부른다.
악취가 풍기면, 너인 줄 알리.

1부 슬퍼하지 마라. 누구나 어쨌든 죽는다.

태어난 것들은 언젠가 죽는다. 태어나지 않은 것들은 언제든 죽지 않는다. 태어났으니까 죽는 것이고 태어났으면 죽어야 한다. 예외도 없고 출구도 없다. 출구가 있다면 개의 가랑이 사이라도 들어가겠다. 하지만 부정한다손 꿈결이요, 극복한다손 잠깐이다. 지금 아프지 않다면, 좀 있다가 아플 것이다.

산에는 산짐승이 살고 물에는 물짐승이 산다. 산짐승은 산에 살아 산짐승을 잡아먹고 물짐승은 물에 살아 물짐승을 잡아먹는다. 오순도순 잘들 살다보니, 산에는 뼈가 뒹굴고 물에는 피가 고인다. 민들레가 그 뼈 위에 집을 짓고 물벼룩은 그 피 앞에 입을 벌린다. 목마른 삶이, 그보다 더 목마른 삶을 빨아먹으며 좀 쉬려는데, 사람이 약초 캐러 오거나 그물 들고 온다.

다들, 태어나 있다.
죽으러 왔다.

새봄이 오면 새로운 꽃이 일어선다. 또 다른 새봄이 오면, 새로운 꽃들은 새로웠던 꽃으로 으깨진다. 한풀 꺾인 풀들은 켜켜이 쌓이는 바람 밑에 깔려 늙고, 그대는 내일 어디로 가야 할지 모를 수 있다.

그러나 누군들 죽고 싶겠느냐마는, 누구든 죽어줘야 또 누구든 산다. 모든 살아있는 나무들의 뿌리는 죽어서 흙이 된 나무들을 움켜쥐고 있다. 앵두같이 아름다운 입술은, 앵두를 잘근잘근 씹어 먹어서다. 역사의 물결은 도도히 흐르고, 부지런히 똥을 누던 이들은 똥이 된다. 나 역시 용가리통뼈가 아니어서 태어나지 않을 수 없다. 누군가는 나를 조금 떼어갈 것이고 누군가는 내 힘을 가로채어 목을 축이거나 몸을 녹일 것이다. 괜찮다, 나도 그랬다.

세상이 돌아갈 때 같이 돌아주지 않으면 돌아버린다. 남들이 좋아하는 것이라면 좋아하는 척이라도 해주면서 순환의 일부로 녹아내린다. 똥이 되길 기다리면서, 먹이가 되어도 좋다고 생각할 날을 고대하면서, 산을 오르고 물을 마신다. 바퀴들이 만든 강 위에서 유유히 노를 젓는다. 불행하냐고? 인생 또 온다.

◎

가을 숲길을 밟으면

1부 슬퍼하지 마라. 누구나 어쨌든 죽는다.

낙엽이 서걱거린다.

"나도,
꽃이었어."

#02
소고기

생사일여生死一如.
삶과 죽음은 본래 한 몸이어서,
죽음은 삶이 혼자 몰래
어디 가도록 내버려두지 않는다.
술에 만취한 새벽의 귀갓길이
딱 저승길이다.
며칠 말 잘 들으면
또 겨우겨우 산다.

물론 결국엔 해로하리란 걸
알기는 안다.
내가 어디를 가더라도
또는 갈 데까지 가더라도,
죽음은 끝내 나를 거두어준다.

저물녘 퇴근길 아파트들이

1부 슬퍼하지 마라. 누구나 어쨌든 죽는다.

내가 잘 가고 있나,
노려보고 있다.
사람이 있는 집엔
불이 켜져 있고
사람이 없는 집엔
불이 꺼져 있다.
만약 죽어야 한다면,
몸 안의 작은
인기척일 뿐.

좀 덤덤해지자.
그냥, 집에 가는 길이다.

○

계룡산 동학사에 학명學明이란 법명의 스님이 살았다.
어느 날 마을에 내려갔다가 이 씨 성을 가진 선비를
만났다.
한가한 농부가 산보를 나선다.

이 씨가 물었다. "대사大師는 요새 중노릇 어떻게 하시
오?"
농촌에도 직장인은 있다.

"아, 소승이야 그저 경전 보고 계율 지키고 부처님 잘
모시고 절 가꾸며 살지요. 뭐 이런 게 중노릇 아니겠
소?"
그의 부처님은, 사장님이었을까?

이 씨가 끌끌 혀를 찼다. "허허, 대사. 그렇게 중노릇
하면 소밖에 더 되겠소."
소처럼 일하고 개처럼 기면, 소라도 사람 행세를 하고 개라도 승진을
한다.

스님도 그간 마음에 걸리는 게 있었던 모양이다. "처사
님, 그러면 어찌 해야 소가 안 되겠습니까?"
갈비탕이 된 소가 사람의 입에 들어가 비로소 사람이 되었다.

"명색이 선승禪僧이란 사람의 대답이 그래서야…. 소가
되어도 고삐 뚫을 구멍이 없다고 해야지!"
개를 추모하기 위해 보신탕에 금가루를 넣어드렸다.

한겨울 냉방에 틀어박혀 24시간 화두만 파던 경허鏡虛
스님이 밖에서 들리는 이 얘기에 크게 깨달았다.
맹수가 되기로 작심한 소가 스스로 먹이를 찾아 나선다.

코에 고삐가 걸린 소들은 주인의 말을 잘 듣는다. 그래야 잘 산다. 주인이 가라는 대로 가고 기라는 대로 기어야, 목숨과 안전을 보장받는다. 고삐 풀린 망아지들은 굶어죽거나 잡아먹히기 십상이다. 당장은 즐거워도 혼자서만 즐겁다. 인간의 탈을 쓴 소들도 집소들과 마찬가지. 윗사람이 시키는 대로 해야 아랫사람에게 그대로 시킬 수 있다. 남들 사는 것처럼 평범하게 살아야 최소한 앞집 사람만큼은 산다.

당신에게도 꽤 아름다운 고삐가 있을 것이다. 제법 튼튼하고 매끈한 통에, 어제는 상여금을 받았고 아까는 주민들이 집값을 담합하자며 찾아왔다. 그러나 제아무리 충직하고 유능한 소라도, 소로서의 삶의 끝은 끝내 주검이거나 소고기다. 죽음은 몹시 청렴해서 억만금을 쥐어줘도 발길을 되돌리지 않는다. 저승사자는 오직 소고기만 뇌물로 받는다.

괴질이 뒤덮은 산하는 죽음 앞에 평등했다. 양반의 시체 위에 노비의 시체가 누웠다. 존경받는 학승學僧이었던 경허는 전염병이 도는 마을을 지나다가 인생이 완전히 바뀌었다. 죽음의 게걸스러운 전지전능성을 목격한 뒤 장서藏書를 죄다 불태우고 폐관閉關에 들었다. 고작 소고기나 되려고 그 많은 책들을 읽었다는 자괴감과 결국엔 소고기나 될 주제에 남을 가르쳤다는 죄책감 때문이다.

　이후 고삐 뚫을 코뼈를 실제로 잘라내버린 것인지, 스님은 그야말로 미친 들소의 행보를 보여준다. 매일같이 술에 절어 지냈다거나 문둥병 걸린 여자와 며칠을 같이 잤다거나, 숱한 파계와 기행들은 훗날 유명한 소설이 되었다. 친모의 생일 잔 첫날, 법당에서 갑자기 벌거벗더니 성기를 드러낸 채 난동을 피웠다는 이야기도 감동적이다. "아들이 큰스님이라 좋소? 이게 본래 나요!" 스님은 직업으로서의 스님을 벗어버리고 날 것으로서의 기쁨을 만끽하며 살았다. 심지어 천륜이더라도, 먹어치웠다.

　인간은 인간다워야만 인간 대접을 받는다. 학생은 학생답 게 살면서 체벌을 면하고, 선생은 선생답게 살면서 월급을 받 고 연금을 지킨다. 스님도 스님다워야만, 신도들이 돈을 낸 다. 적절한 위선은 삶에 윤기를 더한다. 인간다워야만 삶이 가치 있는 게 아니라 인간다워야만 살아남을 수 있는 것이다. 하기야 태생적으로 코뼈를 갖고 태어나는 게 인간의 운명이 다. 애당초 고삐 뚫을 구멍이 없는 비강鼻腔이라면, 호흡에 문 제가 생긴다. 숨이라도 쉬려면 굴복해야 하는 것이다. 그러나 필사적으로 인간답기 위해 하루에도 몇 번씩 나를 죽여놓아야 할 때면, 경허의 그 무시무시한 자기다움이 부럽기만 하다. 눈칫밥 아닌 밥, 이 세상에 얼마나 되던가.

삶이 고분고분했던 자들은 육질도 고분고분하고 부드러울 것만 같다. 반면 고삐 풀린 망아지는 혼자서만 즐겁지만 혼자서도 즐겁다. 본디 삶이 아까우니까 죽음이 죽겠는 법. 투자한 것 자체가 적은 인생은 아쉬울 것도 손해 볼 것도 적다. 그래서 저승사자를 물리칠 수야 없겠다만, 최소한 기분 나쁘게 할 방법은 있다. 뇌물이랍시고 손에 쥐어준 것이 썩은 소고기라면. 천하의 근본 없는 후레자식만이 진정으로 자유로울 수 있다. 그에겐 따먹힐 열매가 없고, 제사 지내줘야 할 뿌리가 없다.

◎

소고기가 맛있다.

그래, 돌아가신 너의 어머니가
인자하기는 했지.

#03
여인숙

"지금 알고 있는 걸 그때도 알았더라면…."이라며 아쉬워들 한다. 오죽하면 비슷한 제목의 베스트셀러가 있다. 하지만 따지고 보면, 그때 몰랐으니까 지금 아는 것이다. 몰라서 당했으니까 어떻게든 알아내는 것이다. 몰라서 죽을 만큼 힘들었으니까 이제는 죽을힘을 다해 기억하는 것이다.

지혜는 언제나 뒤늦게 오고, 깨달음은 자살시도를 해본 자들에게만 온다. 후회한 뒤에라야 나는 성숙해 있다. 무너진 뒤에라야 나는 새로울 수 있다. 만약 그때 알아버렸더라면, 이렇게 옹알거리지도 못했으리라. 죽어 있으면서 살아있다고 지껄였으리라. 인생은 버티는 것이다. 이것보다 나은 대안을 나는 본 적이 없다.

1부 슬퍼하지 마라. 누구나 어쨌든 죽는다.

○

해인사 방장方丈이었던 성철性徹 스님이 어느 겨울밤
야경夜警을 잘 하는지 보려고 암행을 나섰다.
우리나라 전체 문화재의 65%는 불교문화재다.

학인學人 한 명이 순찰을 돌았는데, 하도 추워서 군불
을 피운 방 안에 들어가 뭉그적거렸다.
화재 위험 때문에 난방이 금지됐던 시절이다.

학인의 뒤를 밟은 성철 스님이 득돌같이 방문을 열어
젖혔다.
쥐가 고양이를 마주치면 놀라서 얼어버린다.

"큰스님! 입(아궁이)를 만들었으면 밥(장작)을 주어야지
요."
너무 놀라면, 문다.

스님은 무어라 대꾸하지 않았다.
네가 죄겠느냐, 터진 입이 죄지.

다만 아침이 밝자 대중을 불러 모았다. 아궁이를 진흙
으로 메워버렸다.
이제 그만, 극락에 가거라.

30대엔 30대만의 고통이 있었고 40대엔 40대만의 원한이 있었다. 50대엔 50대에 걸맞은 아픔이 있을 것이고 60대엔 저 세상에서 60대를 그리워할 것 같다. 시련은 아무 때나 오고 아무렇게나 온다. 여관방에 손님 들듯이 들어와 술 먹고 토하고 고스톱 치고 별걸 다 친다. '부모'라는 남녀가 급히 연애를 나누고 떠난 객실 한쪽에, 그대의 이름과 생년월일이 적힌 수건이 걸려 있다. '慶祝'이라고 쓰이긴 했는데, 누가 거기다 코를 풀었다.

살면서 겪는 풍파와 불운엔 특별한 이유가 없다. 간단하다. 살아있으니까 다치고 살아있으니까 멍드는 것이다. 지나치게 못나거나 잘못해서 넘어지거나 무너지는 게 아니다. 이 몸뚱이로 태어나 이 몸뚱이로 이 땅에 일정하게 자리 잡고 사니까, 이 몸뚱이로 뭐든 찾아와 부딪히거나 달라붙는 것이다. '아궁이'라는 몸뚱이가 만들어지면 필히 '장작'이라는 몸뚱이와 만나야 하고 만나게 된다. 그리하여 둘이서 '불'이라는 몸뚱이를 낳고, 피임한다고 했는데도 낳는다. 살아있으니까 아궁이도 만들어야 하고 살려다보니까 불도 내는 것이다. 살아있다면 넘어져야 하고 살아있다면 무너져야 한다.

쓸모없는 물건이라도 무심코 집안에 쌓아두는 것처럼, 이런저런 문제를 안고 가는 것이 삶의 본질이다. 불이 날까봐 아궁이를 메우자니, 얼어죽을 각오를 해야 한다. 어쨌든 살려면 아궁이는 있어야 한다. 불안하더라도 있어야 한다. 힘겹더라도 나는 살아야 한다. '죽겠다 죽겠다' 노래를 불렀는데 어느새 여기다. 가까스로 아궁이 들여놓고 군불도 때운다. 날것을 함부로 먹으면 탈나기 십상이다. 가끔은 사는 게 죽을맛인데, 그냥 뜨거운 군고구마 먹는 셈 친다. 삶이 힘겨울수록 힘도 나는 것이다.

◎

어렸을 때는 여인숙이
여자들만 잘 수 있는 곳인 줄 알았다.

나이들어서는 그곳이
삶이라는 것을 안다.

#04
죽음

나는 어둡다. 너무 어두워서 아무도 나를 모른다. 하지만 밖으로 보이지는 않아도 정말 많은 것을 소유하고 있다. 행여 재산을 들킬까 눈에 걸리는 족족 잡아먹는다. 내 안에는 사람도 있고 짐승도 있다. 수컷도 있고 암컷도 있다. 왕자도 있고 거지도 있다. 쌓아올린 것이 많든 적든 공평하게 무너뜨려준다. 상처 받은 자도 있고 상처 입힌 자도 있다. 먹은 자이든 먹힌 자이든, 살아서 그가 먹은 만큼 먹어준다. 내 배 속은 형체가 없어서 무한히 담을 수 있다. 그래서 해도 있고 달도 있다. '달과 자신을 동급으로 취급하지 말아달라'는 해를 조만간 달처럼 잘게 부수어줄 참이다. 과거도 있고 미래도 사실상 있다. 죽은 자도 있고 산 자도 조금 있으면 온다. 어제도 누가 찾아왔는데 '우울증부터 치료하고 오라'면서 돌려보냈다.

죽음이 우주를 싸들고 어디론가 간다.

1부 슬퍼하지 마라. 누구나 어쨌든 죽는다.

○

마조馬祖 스님이 열반을 앞두고 몸져눕자 지인이 병문
안을 왔다. "요즘 건강이 어떠십니까."
죽음이 온다.

"일면불日面佛! 월면불月面佛!"
안녕하세요.

일면불은 수명이 1,800세에 이른다는 부처님이다. 반면
월면불은 하루살이다. 곧 마조의 대답은 잠깐 호전되었다
가 다시 악화되는 병세를 빗댄 말이다. 심오한 법담法談 같지
만 실은 가벼운 재담才談인 것이다. 그저 죽음 앞에서도 농담
을 던질 수 있는 여유가 부러울 뿐이다.

병상에서만 이럴까. 몸이 성할 때에도 우리는 일면불이거
나 월면불이다. 월급이 나오는 날엔 일면불이 되고 월급이
나오기 전날엔 월면불이 된다. 천년만년 살 것처럼 으쓱거리
다가도 의사의 심각한 말 한마디면 졸지에 사색이 된다. 죽
음은 그렇게 자신을 미리 체험해보라며 사람을 반쯤 죽여놓
는다. 반만 가지고 반만 살라 한다.

즐거울 때는
즐거울 줄만 안다.

05

우울증

내가 며칠이나 착하게 살았고 며칠이나 못나게 살았는지는
계산할 수 없다. 여하튼 나는 살아있고 살아왔다. 내가 어디
를 가고 무슨 일을 당하건, 내가 간 것이고 내가 당한 것이
다. 그러므로 내 삶의 주인이 되겠다고 애써 노력할 필요가
없다. 삶의 모든 순간순간은 이렇듯 무조건 주체적이니까.
평소와 같은 삶이 가장 나다운 삶이다.

○

중국 당나라 때에 마조馬祖라는 스님이 살았다. 그는
매우 소탈했다.
열등감 느끼는 네 마음 탓하지 마라.

출가 전의 성씨를 그대로 법명에 가져다 썼다. '馬祖'
를 풀이하면 '마 씨 할아버지'쯤 된다.
모멸감 느끼는 네 마음 비웃지 마라.

〈마조어록〉에는 그가 "소처럼 느리게 걷되 눈빛은 호랑이처럼 예리했다"고 적혔다. 그리고 그는 이런 말을 했다.

부처님도 배고프면 먹었다.

"지금 이렇게 걷다가 멈추기도 하고, 앉아있다가는 다시 편안히 눕기도 하는 게 도道인 것이다. 형편에 따라 움직이는 이 모두가 바로 도인 것이다〔只如今行住坐臥 應機接物盡是道〕."

부처님인데도, 죽어야 했다.

2014년 4월 7일이었다. '이게 말로만 듣던 우울증이구나' 직감했다. 물론 이전에도 우울하기야 늘 우울했다. 하지만 정말이지, 이건 너무 비정상적으로 괴로웠다.

　지옥이 진짜 있는지는 모르겠다. 다만 우울증은 살아서 경험할 수 있는 지옥이라고 자신할 수 있다. 누군가는 발목에 쇳덩이를 건 채 까마득한 암흑 속으로 끝없이 걸어 들어가는 기분이랬다. 내 경우는 좀 달라서 가슴속에 불덩이가 들어앉아 끓었다. 무기력감이란 말로는 턱없이 부족한 무기력감이 사람을 깔고 앉았다. 잠이 안 오고 새벽에 깨었으며, 출근만 해도 지쳤다. 모든 것이 내 탓처럼 느껴졌고 모든 사람이

1부 슬퍼하지 마라. 누구나 어쨌든 죽는다.

무서웠다. 피해자는 나인데, 내가 빌고 있다. 업무능력이 없어지는 것도 주요한 증상이다. 급기야 기자로 밥벌이를 하는 놈이 글 한 줄을 못 쓰게 되었다. 이 공포감이 우울증의 압권이다. 아무리 봐도 거기가 끝장이었다.

프로작prozac은 좋은 약이다.
차도差度가 오고
이것만 넘어가면 될 것 같은데
안 넘어갔다.

우울증에 걸려도 웬만해선 타인에게 폭력을 행사하지 않는다. 자기만 죽인다. 단, 우울증이 사회적으로 문제가 된다면 언젠가는 반드시 자살로 이어지기 때문이다. 휴직을 했고 누워만 있었다. 병원 가는 날만 외출했다. 누워서 계속 죽을 생각만 했다. 하루에 '우울증'과 '자살'을 각각 100번쯤, 합쳐서 100번쯤 검색한 것 같다. 죽어야만 살 수 있을 것 같았다. 과장이 아니라 실제로 그렇다. 머릿속에서 자꾸, 죽으라 한다. 그러나 막상 죽으려도 조건이 맞아야 죽는다. 번개탄을 피워 죽자니 내게는 사방이 밀폐된 승용차가 없었다. 펜토바르비탈은 국내 시판이 금지된 약물이다. 질소가스를 파는 가게가 영등포에 하나 있기는 했는데 지하철을 타러 갈 기력이 없다는 게 문제였다. 요령도 있어야 한다. 휴대폰 충전기 줄이나 노트북 전기 줄로 목매서는 못 죽는다. 체중 때문에 중간에 끊어진다. 마침내 가방 끈으로는 성공했는데 아내가 봤다. 같이 울어줬고 나보다 더 울어줬다. 이때 부처님도 고생을 많이 했다. 제발 살려달라며 낫게 해달라며, 108배를 하고 진언을 외우고 기체조를 하고 별 개지랄을 다 떨었다. 한심했지만, 그게 나았다.

제정신이 곧 불성佛性이었다.

우울증 환자는 미친 게 아니라 병든 것이다. 그러므로 반드시 낫는다. 감기 걸린 자를 손가락질하지 않듯, 이상하게 볼 것도 없다. 집에서 쉬면서 약을 꼬박꼬박 먹으면 빠르면 6주 늦어도 8주 안엔 호전된다. 나는 50일이 걸렸다. 이제는 그럭저럭 살 만해졌다. 글도 쓸 수 있고 잔머리도 굴릴 수 있다. 투덜댈 수도 있고 누굴 욕할 수도 있다. 우울증에 한번 걸려보면, 그저 우울하기만 한 것도 천복(天福)이라는 것을 실감한다. 정신줄 놓치지 않고 꾸역꾸역 살아가는 것만으로도 그런 대로 값진 삶이라는 것을 알 수 있다. 책임을 물어야 할 자들은 그때나 지금이나 행복해 보인다. 그렇게 내 인생은 나에게나 중요할 뿐이었다. 그러니 나라도 나를 지켜줘야 한다.

세상이 못 살게 굴면 나라도 나를 내버려두어야 한다.

멀쩡하게 살면 그게 부처님이다.
이걸 알자고, 참 멀리도 갔었다.

왜 그랬을까. 하도 괴로워하니까, 끝내 마음도 나를 포기해 그냥 죽어버리라고 한 것도 같다. 열심히 산다고 살았는데 삶이 계속 마음에 들지 않으니까 그렇게 됐다. 결국. 나를 좀처럼 달가워하지 않는 삶에 크게 의미를 두지 말자는 것이 내가 얻게 된 삶의 의미다. 한심하여도, 살 수는 있다. 한심한 대로, 살아갈 거다. 죽음이 죽지 말래서, 오늘 또 산다. 하던 대로 하다가, 나름대로 고민하고 도전하다가, 일정하게 좌절하고 손해 보다가, 틈틈이 성취하고 낄낄대다가 나도 모르게 목숨 다할 것이다. 굳이 행복하지 않아도 좋다. 버틴다는 것 말고는, 특별히 하고 싶은 것도 없다.

◎

기껏해야 일생一生

뛰어봐야 영면永眠.

1부 슬퍼하지 마라. 누구나 어쨌든 죽는다.

#06
중도

中道.
가운뎃길.
가운데로 가는 길.
반듯하게 가는 길.

또는
중간으로 가는 길.
중간만 가는 길.
절반만 채우는 길.
절반은 타인을 위해
내생을 위해 남겨놓는 길.

그래서
돌아서 가는 길.
돌아보며 가는 길.
생生하려니까 멸滅하고

멸하려니까 생하는 것이다.
잘 살고 싶으니까
죽고 싶은 것이었고,
죽자니 또 아까워서
내 발로 죽으러 가는 것이었다.

높이 올라간 만큼
오래 내려가는 길.
나를 고집한 크기만큼
내가 짓눌리는 길.
돌아갈 줄 알아야
더 멀리 갈 수 있는 것이었다.
나만 잘 살자니까
나만 힘든 것이었다.

그리하여
마음을 되돌려
거꾸로 가는 길.
거꾸로 사는 길.
바보처럼 살자
죽은 듯이 살자

죽지 못해 살자

그냥 내가 되는 길.

그냥 나여도 좋은 길.

○

대한불교조계종 제6대 종정 추대법회가 1981년 1월15
일 서울 조계사에서 열렸다.

한겨울에 침엽수는 옷 입은 채로 살고, 활엽수는 옷 벗은 채로 산다.

법회의 주인공이었던 성철 스님은 정작 참석하지 않
았다. 해인사 백련암에서 법어만 올려 보냈다.

죽은 나무는 땔감으로 쓰고, 살아있는 나무는 그늘로 쓴다.

"원각圓覺이 보조普照하니 적寂과 멸滅이 둘이 아니다.
보이는 만물은 관음觀音이요, 들리는 소리는 묘음妙音
이다."

낙조落照 안에선 산도 물도 아름답다.

"보고 듣는 바깥에 진리가 따로 없으니 시회時會, 여기
모인 대중은 알겠는가, 산은 산이요, 물은 물이로다."

오물도 시체도 반짝인다.

성철 스님은 1993년 늦가을에 열반했다. 이미 사회의 정신적 지주였던 터라 신문들은 대개 2개면에 걸쳐 그 소식을 실었고 생전의 삶이 재조명됐다. 토굴에 철조망을 친 채 10년 면벽面壁을 했다거나 절대 누워서 자지 않았다거나장좌불와. 사람들은 주로 고인의 초인적인 인내력에 열광했다. 개인적으로 고3의 절정기였고 바빴으나 센세이션이었던 것만은 분명하게 기억한다. 그 당시 뇌물 먹고 잡혀 들어가는 정치인들이 많았다. 반면 누더기만 입은 스님은 산에서 내려오지 않았고, 대통령이 내려오래도 내려오지 않아서 묘한 대비를 이뤘다.

시신을 다비하자 100개 이상의 사리가 나와서 다들 또 놀랐다. 사리가 몸으로 남긴 업적이었다면 '산은 산이요, 물은 물이로다'는 말로 남긴 업적이었다. 거장의 유작을 온 세상 사람들이 좋아했다. 애매하고 난해한 말씀인데, 웬일인지 크게 유행을 탔고 당시의 남녀노소가 즐겨 썼다. 보통 있어 보이고 싶거나 오리발을 내밀어야 할 때 썼다. 같이 데모를 해주지 않는다고 스님을 욕하던 대학생들도 썼다. 요즘엔 부동산업계에서도 쓴다. 주택입지의 중요성에 관한 선견지명이었다며 높이 쳐준다. 아무리 '숲세권'이라봐야, 산지에 있는 아파트의 가격은 강변에 있는 아파트의 가격을 절대 따라잡지

못한다는 둥 산에 간 것도 아니고 물에 간 것도 아닌데, 잘들
논다.

。。

아침 해가 뜨면 이렇게 말하는 것 같다.
특히 여름엔, 거의 절규하는 수준이다.
"그냥 보라! 이게 다다."

　온 세상이 밝다. 더 무엇이 필요한가. 드러난 그대로 진실
이요, 보이는 그대로 광명이다. 하늘 아래 새로운 것은 없다.
신비하다는 것은 그저 내가 경험해보지 못했기에 그런 것이
고, 성스럽다는 것은 값비싼 것일 뿐이다. 다 비슷비슷하게
살고 다 비슷비슷하게 아프다. 나만 불행하다거나 너 때문이
라거나… 내 욕심과 분노가 햇빛을 가려서 비롯된 착시인 것
이다. 훌륭한 인생이란 게 원래 별거 아니다. 출세 안 해도
되고 돈 없어도 된다. 나무가 숨을 쉬듯 숨 쉬고 개미가 일하
듯 일하며 세상의 밝음을 해치지 않는다면, 그것이 바로 눈
부신 삶이다.

　두꺼비에게 새집을 달라고 청한다. 헌집과 새집을 맞바꾸
자고 한다. 얼핏 치사한 짓이지만 그리 미안하지는 않다. 사

실 두꺼비는 헌집이어도 사는 데 크게 지장이 없어서다. 두꺼비는 아파트 평수를 가지고 차별할 일도, 학군을 가지고 고민할 일도 없는 존재다. 뱀에게 잡아먹히지만 않는 곳이라면 그에겐 하물며 쓰레기장이라도 훌륭한 집이 될 수 있다. 어쩌면 헌집과 새집을 애써 구분할 필요가 없는 두꺼비가 인간보다 더 나은 신세라는 생각도 든다. 중도란 어디에서도 잘 수 있는 삶이며 이래도 좋고 저래도 좋은 삶이다.

그리하여 산은 산이고 물은 물이다. 산은 산이어서 물은 물이어서 세상이 잘 돌아간다. 물이 산이 되려면 말라죽어야 하고, 산이 물이 되려면 숨막혀 죽어야 한다. 아, 너는 너대로 나는 나대로 사는 것처럼 자유롭고 아름다운 삶이 또 어디 있을까. 산은 물의 윗사람이 아니므로 나는 너를 따라야 할 이유가 없다. 물은 산의 아버지가 아니므로 너는 내가 되어야 할 필요가 없다. 서로 뒤도 안 돌아보면서, 너는 북극에서 산을 오르고 나는 남극에서 물밑을 걷자. 다시는 만나지 말자.

잘못 들어선 길도
어쨌든 길이다.

열심히 걸었더니
길이었다.

#07
손잡이

사시나무가 사시나무 떨듯이 서 있다. 사시나무는 아주 길고 가녀린 식물이다. 그래서 약한 바람에도 다른 나무들보다 더 떠는 것처럼 보인다. 사시나무의 떨림은 서식지의 특성에서 연유한다. 주로 햇볕이 강한 지역에서 자라는데, 태양열에 달궈진 몸을 식히려면 몸속의 수분을 조속히 밖으로 배출해야 한다. 이 과정에서 사시나무는 동물이 된다. 스스로 온몸을 흔들어 이파리에 묻은 물기를 털어내는 것이다. 곧 사시나무의 유난스러운 몸부림은 자신의 건강을 지키기 위한 일종의 운동인 셈이다.

사시사무는 최대 30미터까지 자라며 생장속도 역시 매우 빠르다. 그의 가늚은 패배하거나 겁먹은 가늚이 아니라 뻗어나가는 가늚이고 승승장구하는 가늚이다. 사정을 모르는 사람들의 눈에 사시나무의 떨림은 한낱 공포와 비굴의 몸짓일 것이다. 하지만 실제로는 충분히 잘 살고 있기에 그토록 바들바들 떠는 것이다. 앞서 말했듯이 근처에서 사시나무가 떨고

41
1부 슬퍼하지 마라. 누구나 어쨌든 죽는다.

있다면 그곳은 밝고 따뜻한 곳이라는 이야기다. 사시나무가 옆에 서 있기만 해도 부처님을 본다.

○

누가 대룡大龍 스님에게 물었다.
"어떤 것이 부처입니까?"
백두산이 높은가 한라산이 높은가?

"바로 그대다."
걸어 올라가려면 둘 다 힘들긴 마찬가지.

"그걸 어떻게 압니까?"
그렇다고 굳이 차車를 살 필요는 없다.

"발우에 손잡이가 없는 게, 아직도 그렇게 불편하니?"
내 삶이 이미 태산이로다.

발우鉢盂는 스님들의 밥그릇이다. 밥그릇에 손잡이가 없다고 해서 밥을 먹을 수 없는 것은 아니다. 반찬이 적다고 해서 영양실조에 걸리는 것은 아니다. 집의 평수가 좁다고 해서 들어가 쉬지 못하는 것은 아니다. 집이 강남에 있지 않다고 해서 집이 아닌 것은 아니다. 그럴듯한 자리를 가지지 못했다고 해서 사람이 아닌 것은 아니다.

명품을 걸쳤다고 해서 죽음이 굽실거리며 피해가는 것은 아니다. 언젠가는 모두가 밥그릇을 반납하고 명부冥府의 이부자리 속으로 기어들어간다. 임종. 좀 있으면 팬티마저 뺏길 참이다. 발밑의 미물들도, 내 머리 위를 걸어 다니던 자들도 사탕 하나씩 빨면서 대기하고 있다. 생전의 모든 수고들이, 결국은 손잡이를 모으러 다니는 짓들이었다. 저승에선 밥 먹을 일이 없는데, 나만 빠져나갈 쪽문도 없는데.

◎

죽는 자들은 대부분
마지막 날숨을
내쉬지 못하고 죽는다.

끝까지 먹다가 가는구나!

#08
고향

내 고향은 서울이다. 종로에 있던 어느 산부인과에서 태어났다고 한다. 미아리에서 오래 살았었다. 집안 사정 때문에 어릴 때 지방에서 몇 년 산 것 같기는 한데 기억이 가물가물하다. 명절이 되면 다들 고향에 내려간다. 내게는 내려갈 곳이 없다. 그냥 여기서 쉬면 된다. 고향에 대한 동경도 없다. 어디에 살건 사람은 사람일 뿐이다.

불교란, 결국 죽음을 견디는 방법일 것이다. 제행무상諸行無常. 모든 것이 덧없다는 건, 나나 그들이나 끝내는 죽음으로 수렴되는 존재들이기 때문이다. 제법무아諸法無我. 그 누구도 독립적인 실체가 아니라는 건, 다들 죽음이 잠깐 내어준 시간을 살아가는 한 조각 건더기이기 때문이다. 일체개고一切皆苦. 죽음을 향해 밀려가는 것들은 늙어서 괴롭고 젊고 건장해도 괴롭다. 살아서 이 꼴 저 꼴 다 치른 뒤에 만나는 죽음은 꽉꽉 막히는 귀성길이다.

'죽음'은 무거운 단어다. 그래서 입에 올리기 싫다. 그래도 언젠가 한번은 죽어야 한다. 남보다 늦게 죽더라도 반드시 죽어야 한다. 다만 죽음은 삶의 소멸이지만 삶의 완성이기도 하다. 죽음이 있기에 삶이 그토록 절실하고 소중한 것이다. 언젠가는 아니 언제든 죽는다는 분명한 사실을 잊지 말아야만, 더욱 값지고 알찬 삶을 살 수 있다. 삶은 삶의 전체가 아니라 절반에 지나지 않는다. 죽음이 나머지 절반이라는 사실을 받아들일 때, 죽음을 좀 더 유연하게 받아들일 수 있다.

시골이 고향이 아니더라도 누구에게나 고향은 있다. 설날과 추석, 한국인이라면 1년에 두 번쯤은 고향을 생각한다. 두 번쯤밖에 안 돼서 삶이 그리 힘겹고 막막한 것인지 모른다. 행복해지고 싶다면 죽음을 자주 생각해야 한다.

○

큰스님이 된 마조馬祖 스님이 오랜만에 고향인 촉국蜀國을 찾았다. 그의 금의환향을 보기 위해 마을 사람들이 전부 몰려나왔다.
인생이란 결국, 몇 번 울다 가는 것이다.

1부 슬퍼하지 마라. 누구나 어쨌든 죽는다.

그때 마을에 오래 산 어느 노파가 말했다. "나는 또 무슨 대단하신 스님이 오는가 했더니, 겨우 방앗간 마馬씨네 아들내미였구면."
누구나 태어날 때는 울면서 태어난다.

이에 마조가 혼자 중얼거렸다. "고향은 올 곳이 못 되는군. 나를 어릴 적 꼬마로나 취급할 뿐이니." 머쓱한 채 강서江西로 되돌아갔다.
이럴 줄, 이미 알고 있었던 거다.

노인이 대접받기란 어디서나 힘들다. 더구나 돈까지 없으면 시체나 마찬가지다. 그래도 그들의 연륜만은 높이 사야 할 경우가 있다. 삶이란 결국 실수와 오판의 연속이요, 축적. 그들은 너무 많이 져왔고 잃어왔기에, 이해하지 못할 슬픔이 없고 우습지 않은 기쁨도 없다.

죄다 스님의 겉모양만 보고 박수를 치는데 오직 노파만이 '내막'을 꿰뚫어보고 있다. 천하에 대단한 존재란 없다. 대단해 보이거나 대단한 척하는 존재만 있다. 사람들은 그가 늘 어놓는 말에만 현혹될 뿐, 그가 매일 누는 똥에 대해서는 관심을 두지 않는다.

억울해하지 마라.
오늘 네가 먹은 소는
안 억울했겠느냐.

#09
죽음의 쓸모

죽음에 이르는 과정은 고통스럽지만 죽음 자체는 전혀 고통
스럽지 않다. 아파야 할 육체도, 아프다고 느낄 정신도 모두
잃어버린 상태이기 때문이다. 숨이 넘어가든 속이 타들어가
든, 아직 살아있을 동안의 괴로움인 법이다. 고통을 느끼려
면 의식이 깨어 있어야 한다. 하지만 일단 죽어버리면, 의
식이 없으므로 스스로 죽었는지 살았는지조차 분간을 못 한
다. 또한 꿈을 꾸지 않는 경우라면, 잠을 자고 있을 때에는
살아있다는 사실을 자각하지 못한다. 그러므로 죽음이란 일
종의 잠이다. 단지 죽으면 다시 깨어나지 않는다는 것만이
잠과 죽음의 차이점이다. 죽음은 말하자면 매우 양질의 숙
면인 셈이다.

좀처럼 잠들지 못할 때 우리는 괴롭지만, 결국 잠이 들면
언제 괴로웠냐는 듯 기억하지 못한다. 곧 삶의 전체란, 잠들
기 전의 괴로움 또는 뒤척임일지도 모르겠다. 누구나 하루
에 6~8시간은 죽어 있으며 1년에 평균적으로 365번씩이나

죽음을 경험한다. 죽음은 여러 모로 잠과 비슷하며 삶의 가까이에 있다. 불면증에 걸리면 삶이 황폐해진다. 잠을 자야만 건강하게 살 수 있듯이, 죽어야만 삶을 쉴 수 있다.

○

《벽암록碧巖錄》에 이르기를, "얻었다한들 본래 있었던
것. 잃었다한들 본래 없었던 것〔得之本有 失之本無〕."
내가 올라간 자리는,
언젠가 네가 울었을 자리.

오래 병치레를 한 사람이 임종에 이르면 몇 가지 신체적 특이 현상을 겪는다. 먼저 죽기 일주일 전부터 의사표현이 힘들어진다. 듣기는 듣는데 좀체 말을 못한다. '말문이 막힌다'는 표현이 딱 들어맞는 상황이다. 동공도 말려 올라간다. '눈이 뒤집힌다'는 관용어 역시 빈사瀕死의 풍경에서 유래했을 공산이 크다.

이때부터 곡기를 끊기도 한다. 으레 죽음을 초연히 받아들이는 행동이라고 떠받드는데, 사실 환자의 자발적 의지나 용기와는 거리가 멀다. 더 이상 소화를 시키는 등 신진대사를 이어갈 힘이 없는 몸속의 장기들이 음식물을 거부해서다. 일반적으로 병사病死의 원인은 대부분 '다발성 장기부전'인데 이것을 가리킨다. 시들시들 앓던 오장육부 일체가, 이제는 제발 그만하자며 드러누워버리는 것이다.

사망하기 사나흘 전부터는 거의 소변을 보지 않게 된다. 똥은 나오기도 하는데 괄약근에 힘이 없어서 지리기만 한다. '섬망譫妄'이 나타나기도 한다. 의식장애로 인해 환각이 일어나 심한 발작과 헛소리를 하는 일을 말한다. 이때 지옥을 본다는 사람들이 많다. 그러므로 섬망을 방지하는 차원에서, 제정신이 붙어 있을 때 '이만하면 잘 살았다' '좋은 곳으로 갈 거다' 부지런히 자기최면을 거는 것이 좋다.

사람이 태어날 때 최초로 만들어지는 감각은 청각이라고 한다. 죽어서도 귀는 한동안 살아있다. 죽었다가 살아 돌아온 사람들은, 의사가 자기에게 사망선고를 하는 소리와 옆에 있던 가족들이 자신의 죽음에 대해 이러쿵저러쿵 얘기하는 소리를 들었다고 증언한다. 그래서 티베트의 승려들은 시신의 귀에다 대고 극락왕생하라며 〈티베트 사자死者의 서書〉를 읽어준다. 망자 앞에서 험담을 한다면 두 번 죽이는 일이다.

또 하나 주목할 것은 객담이다. '크르륵 크르륵…' 중환자실에서는 가래 끓는 소리를 듣기 쉽다. '골골댄다'는 비유는 여기서 왔다. 끝까지 살아남아 숨이 넘어가는 그 순간에도 일을 하는 게 폐肺다. 곧 가래는 단순히 더러운 혐오물질이 아니라 최후까지 이어지는 생명활동의 소중한 증거라고 볼 수 있다. 다만 저승에 다다르면 이걸 스스로는 못 뱉어낸다는 게 문제다. 병원의 마지막 임무는 기계로 가래를 빼주는 것이다.

아름다운 죽음이란 없다. 모든 죽음은 끔찍하거나 어처구니없거나 최소한 앙상하다. 말라비틀어진 몸으로 힘겹게 호흡하는 환자를 지켜보는 마음은 매우 무겁다. 죽음을 슬프고 두렵게 느껴지게 만드는 요인이기도 하다. 하지만 정작 본인은 이미 의식을 잃은 혼수상태이므로 전혀 고통스럽지 않다는 의사들도 있다. 살아있을 때나 아프고 괴로운 것이다. 죽으면 아플 것도 괴로울 것도 없다. 얻었다한들 가래요, 잃었다한들 오줌이다.

개똥밭을 굴러도
이승은 짧다.

#10
나쁜 후회

세상에서 가장 어리석은 삶 가운데 하나가, 내가 살아보지 않은 삶을 그리워하는 삶이다. 내가 가지 않은 길은 애당초 존재할 수 없는 길이다. 생각 속에서만 살아있는 길이다. 선택하지 않은 것에 대한 미련은 내 죽음을 매장으로 처리할지 화장으로 치를지 고민하는 꼴과 같다. 이미 나는 사라지고 난 뒤다. 땅의 먹이가 되었든 불의 먹이가 되었든.

○

중국 당나라에 육긍陸亘이란 벼슬아치가 살았다. 평소 남전南泉 스님을 스승으로 모셨다.
친구끼리 걸어가는데 젊은 여자가 길을 물으러 다가온다.

한번은 남전에게 이런 질문을 던졌다.
삼각관계는 모험이고 인생의 활력이다.

'어떤 사람이 유리병 속에 거위새끼를 키우고 있었다. 훗날 거위를 병에서 꺼내려는데, 병 주둥이로는 도저히 빠져나올 수 없을 만큼 거위의 몸집이 커져버렸다. 그렇다고 유리병을 깨고 꺼내자니 유리병이 너무 아까웠다.'

사람 둘이 아니라 셋이 모여야 비로소 사회다.

육긍이 "스님이라면 이럴 때 어쩌시겠느냐"고 남전에게 물었다.

그때부터 왕따가 발생하기 때문이다.

잠자코 있던 남전은 느닷없이 "대부大夫!"라며 육긍을 큰소리로 불렀다.

다수결이여, 합법적인 폭력이여.

육긍은 엉겁결에 "예, 스님"하고 대답했다.

애인이 되지 못한 남자가 절로 들어간다.

남전이 말했다. "거위가 무사히 나왔군."

버려져야만 깨달을 수 있다.

이러지도 저러지도 못하는 상황이 있다. 이러자니 저것이 걸리고, 이러지 말자니 저놈이 다 가져갈까 두렵다. 이것도 욕심나고 저것도 욕심나서 쉽사리 선택을 못하고 쩔쩔매기도 한다. 그러나 처음부터 좋고 그 자체로 좋은 선택이란 게 있을까. 선택을 하고 난 뒤 일정한 시간이 흘러 좋은 결과가 나타나야만 비로소 좋은 선택이 되는 것이다. 하지만 우리는 결코 시간을 앞지를 수 없으며 그 결과도 미리 내다볼 수 없다.

그러므로 처음부터 나쁘고 그 자체로 나쁜 선택이란 것도 없다. 충분히 심사숙고했을 테고 다만 결과가 좋지 않았을 뿐이다. 성급하게 덤비다가 또는 망설이고 재다가 아무것도 갖지 못했다한들, 너무 자책할 필요는 없다. '아무것도 갖지 못한 나 자신'만은 남아 있지 않은가. 중요한 것은 거위가 아니라 거위를 꿈꾸고 있는, 꿈꿀 수 있는 나 자신이다. 살아있는 한 또 다른 기회는 기필코 찾아온다. 심지어 거위는 병 속에 갇혀 있지만 나는 어디로든 다닐 수 있다. 우리는 시간을 앞지를 수 없지만, 시간이 우리에게 다가오지 않은 적도 단 한 번이 없다.

◎

구름은,

걷힌다.

네가 뭐라 하지 않아도
내가 손을 쓰지 않아도
그분이 예정豫定하지 않아도.

당장 죽을 것 같아도
뭉게구름.

#11
선택에 관하여

인간은 순간순간 선택을 한다. 지하철을 타고 출근할까 버스를 타고 출근할까부터, 점심은 뭘 먹을지, 저녁엔 술약속을 잡을지 말지, 부조금은 5만원으로 할지 10만원으로 할지 입을 닦을지까지. 사실 일상 속의 자잘한 선택은 어느 것을 고르더라도 별 의미는 없다. 매일 아침 김치찌개를 먹다가 한 번 카레라이스를 먹었다고 해서 위암에 걸리지는 않는다.

그러나 삶의 중요한 길목에서 해야 하는 선택은 파장이 크다. 남자(여자)를 잘못 만나 결혼하면 인생을 망친다. 급히 이혼을 하더라도 절반은 망친 상태다. 잘못된 취업도 후유증이 심하다. '하고 싶지 않은 일을 함께 하고 싶지 않은 사람들과 언제까지 계속하고 있어야 하느냐'는 상황은 생지옥이다. 살아서의 선택이 번번이 틀리거나 크게 틀리면, 삶의 마지막 선택은 자살이 되는 수도 있다.

선택 앞에서 망설이는 까닭은 이후의 결과를 도저히 예

측하기 어렵거나 그 결과의 차이가 너무 클 때이다. 따지고 보면 선택은 필연적으로 후회를 남긴다. 다른 것을 택했으면 더 좋지 않았을까 하는 미련 때문이고, 세상에서 가장 멋진 삶은 내가 살아보지 않은 삶이기 때문이다. 또한 선택을 기피하는 이유는 그 선택에 대한 책임을 지기 싫어서이기도 하다. 그러므로 실패하고 싶지 않으면 아예 선택하지 않으면 그만이다. 평생 엄마 치마폭 안에서 숨어 지내면 되는데, 안타깝게도 엄마는 언젠가 죽는다. 선택을 즐기고 야망이 있는 사람들은 "윗자리로 올라갈수록 남보다 더 많은 선택을 할 수 있고 더 중요한 선택을 할 수 있다"며 "선택을 포기하다보면 결국 선택을 당하는 인생을 살고 만다"고 겁을 준다. 하지만 아무래도 엄마 품처럼 포근한 것이 '안전빵'이다.

축구계에는 "최선의 공격이 최선의 수비"라는 격언도 있고 "훌륭한 공격은 팬들을 불러오지만 훌륭한 수비는 우승을 불러온다"는 격언도 있다. 과감한 삶이 더 귀한지 신중한 삶이 더 귀한지는 확언하기 어렵다. 내 삶 자체가 시시하고 초라하여 뭐라고 충고할 형편도 못 된다. 다만 선택의 내용이 아니라 선택의 주체에 무게중심을 두면 조금은 편안해질 거라고 생각한 적이 있기는 하다. 무엇을 먹든 끊임없이 먹어야 하는 것처럼, 내가 선택하는 게 아니라 선택이 삶 속으로 마구 밀려들어오는 것이다. 선택이 나의 주인이며 우리는 선택을 초월하지 못한다. 근본적으로 삶이란 내가 선택하지 않은 것이며 또 언제 거둬들여질지도 알 수 없는 것이다. 여하튼 이런 선택에 웃든 저런 선택에 울든, 목숨이 붙어 있는 날들 동안의 야바위이고 마음놀음일 따름이다. 죽음은 선택을 취급하지 않으며 이런 선택이든 저런 선택이든 모조리 다 빨아들여 해체한다. 결국 선택을 하는 일도 선택을 당하는 일도 살아있음 속의 사건이고 관문인 것이다. 그러니 살아있는 한 어떤 선택이든 해야 할 것이다. 아울러 살아있기 때문에, 어떤 선택이든 감당해낼 것이다. 살아있다는 것만으로도, 최소한의 안전장치는 확보되어 있는 것이다. '위기'는 위험 그리고 기회를 합친 말이다.

○

어느 벼슬아치가 마조 스님에게 물었다.
"술과 고기를 입에 대는 것이 옳습니까? 대지 않는 것이 옳습니까?"
봄밤의 반딧불이여.

"입에 대는 것은 당신의 록祿이고, 입에 대지 않은 것
은 당신의 복福이오."
오직 한정된 시간만이 너희처럼 아름답구나.

록은 녹봉祿俸이라고 쓸 때의 록이다. 녹봉이란 정부가 관
리에게 지급하는 임금을 가리킨다. 월급을 받아야 먹고 싶
은 것을 먹을 수 있고 하고 싶은 것을 할 수 있다. 음주와 육
식 역시 열심히 일한 대가이자 정당한 권리다. 반면 부처님
은 《범망경》에서 "고기를 먹으면 일체 중생이 외면하여 돌아
설 것"이라며 금지했다. 남의 소중한 목숨을 잘근잘근 씹어
먹는 일이니, 그 원한을 감당하기 어렵다. 그래서 채식을 하
면 죄책감이 사라진다. 또한 부처님은 "만약 다른 이에게 술
을 권하면 오백세世 동안 자손 없는 고통을 당할 것"이라고도
말씀하셨다. 술을 마시는 순간에야 몸이 따뜻해지고 마음이
즐겁지만, 자꾸 마시면 몸을 망치고 마음을 망치는 법이다.
나의 소중한 목숨을 어지럽히는 일이니, 그 재앙을 감당하기
어렵다. 술만 끊어도 감옥 갈 확률이 크게 줄고 자살 현장엔
대개 소주병이 뒹군다.

'祿'이나 '福'이나 결국은 행복이라는 의미다. 굳이 차이
를 둔다면 전자는 당장의 행복이요, 후자는 나중의 행복이

다. 때로는 복을 즐기면서 때로는 복을 지으면서 살아가는 게 인생이다. 마조가 뜻하는 '祿'이란 감각적인 행복이자 현재의 행복이요, '福'이란 이성적인 행복이자 미래의 행복이라 하겠다. 물론 어차피 행복이란 '행복감'일 뿐이며, 실체가 아니다. 나에게 어떤 보상도 해주지 못한다. 도와줄 손이 없고 가진 돈도 없다. 그러니 너무 따지고 재지 말자. 술과 고기를 입에 대든 안 대든, 일정하게 행복하고 나름대로 불행할 것이다. 누구에게나 뒤통수가 있고 그림자가 있다.

◎

자살하지 말자.
얼마나 산다고.

#12
달관

겁劫은 불교에서 말하는 가장 큰 시간단위다. 1겁이란, 쉽게 말해 큰 산山 하나가 먼지로 돌아갈 때까지 걸리는 시간이다. 나나 당신이나 중생은 다겁생多劫生을 산다. 사실상 무한대의 수명 속에서 황제가 되어볼 수도 있고 암세포가 되어볼 수도 있다. 이런저런 생명이 되어 이런저런 보람을 느껴볼 수 있다. 그러니 이번 생에 다 이루지 못했다고 아쉬워할 필요가 없다. 이렇듯 윤회를 믿으면 한결 여유롭게 살 수 있다. 어느 생엔가는 당신이었을 것이다. 내게 왜 그랬는지, 이해할 수 있다.

○

옛 스님들의 사회에서는 15일마다 포살布薩을 했다.
보름마다 한데 모여 지난 보름 동안의 허물을 서로가
고백하고 서로에게서 용서를 받는 자리다.
자진납세는 어렵다.

운문雲門 스님이 어느 날 포살을 주재했다. "보름 이전의 일은 묻지 않겠다. 다만 보름 이후에 대해 이야기하라."
나만 손해 보는 것 같기 때문이다.

대중이 말이 없자 운문이 말했다.
그러나 이타심은 결과적으로 이롭다.

"날마다 좋은 날이지〔日日是好日〕!"
남들이 어느 정도 행복해야만 나에게 해코지를 안 하는 법.

살면서 내게 들어왔던 뺀질이들. 얼굴도 고향도 각자 다르건만, 내 마음 한쪽을 부숴놓고 간 건 다 똑같다. 그들은 야비했고 반드시 무리 지어 괴롭혔으며 하나같이 입으로 일했다. 잘 발달된 방어기제로 살아가는 것들을 나는 견딜 수 없었다. 나의 재능과 성실은 그들 앞에서 한 마리 미련곰탱이가 되어 삶의 아래쪽으로만 굴렀다.

그러나 억울하고 기진한 와중에서 뭔가 스쳤는데, 누군가를 미워한다는 건 사실 그를 부러워하고 있다는 것이었다. 내가 열매를 얻으려 힘들게 나무에 오를 때, 그들은 농장주에게로 가서 쉽게 웃어주었다. 우리는 다만 살아갈 재주가

1부 슬퍼하지 마라. 누구나 어쨌든 죽는다.

서로 달랐을 뿐이다. 증오심의 절반이 질투심이란 걸 알게 되자, 나는 잠깐이라도 편안히 늙을 수 있었다.

마음의 나머지 절반은 자존감이었다. 마음 전체가 오염되는 것을 막기 위해 나는 나에게로 돌아와 나 자신에게만 충실하기로 한다. 내가 그를 싫어하든 말든 그는 그의 삶을 산다. 미안하지만, 나도 나의 삶을 살아야 한다. 내게 주어진 시간은 나 혼자 쓰기에도 너무 짧다. 나는 남이 되어야 할 필요가 없다. 만약 그러겠다면 악마가 되겠다는 것이다.

나만 보라고 있는 꽃이 아니다.
나 좋으라고 생겨난 세상이 아니다.
날마다 좋은 날이다.
나에게만 좋지 않은 날이 있을 뿐.

◎

좋은(나쁜) 일이
왔다는 것은

나쁜(좋은) 일이
온다는 것이다.

13

내생

불교의 생사관에는 '재생연결식再生連結識'이라는 개념이 있다. 지금 살고 있는 현생現生과 다음에 살게 될 내생來生 사이를 연결하는 의식意識쯤으로 해석할 수 있다. 죽음에 임박하면 다음 생의 모습이 무엇인지 경험할 수 있다는 매우 신비로운 가설이다. 죽기 직전이 되면, 재생연결식에 힘입어 앞으로 태어날 곳의 풍경이 눈앞에 펼쳐진다고 한다. 그리고 우리가 일생 동안 지은 업 가운데 가장 뚜렷하고 강렬한 업業이 재생연결식으로 형성된다. 가장 뚜렷하고 강렬한 업이란, 살아서 가장 자주 했던 말과 생각과 행동으로 만들어진다. 결국 그 업이 선하고 멋져야만, 안락한 죽음을 맞이할 수 있으며 내생의 부유함과 안락함도 기대할 수 있다.

재생연결식이 좋으면 좋은 곳에 태어난다는 징조다. 재생연결식은 깨끗하고 정직한 마음으로 죽음을 맞이하는 것이 얼마나 중요한지를 일깨워준다. 물론 죽음이 맑으려면 죽는 순간만이 아니라 삶 전체가 맑았어야 한다. '잘 살아야 잘 죽을 수 있다'는 말은 입에 발린 소리가 아니라 진실이다. 동시에 임종은 삶을 세탁할 수 있는 마지막 기회다. 잘못한 것이 좀 있었으면 진심으로 참회하고, 응어리가 남았으면 풀어내고 용서하는 마음을 가져야 한다. 그렇게 평온하고 담백한 죽음이어야만 내생이 순탄하고 빛날 것이다. 즐겁게 죽을 줄 알아야 다음 생이 즐겁다.

○

청담靑潭 스님이 어느 날 법상에 올라 아줌마들을 상대로 법문했다.
'보살님'들을 극진히 대접할 시간이다.

"남편이 바람을 피워서 결혼한 첫날 저녁부터 생과부가 되어 일생을 지내야 할지라도 절대 남편을 미워해선 안 됩니다. 좋든 싫든 무조건 남편을 따라주어야 합니다. 밤에 남편이 내연녀를 찾아간다면 등불을 들고 그 길을 바래다주십시오. 또 그녀에게 몇 십 만 원이라도 쥐어주면서 우리 남편 비위 좀 잘 맞추어달라고 사정사정하십시오. '우리 주인은 내 힘 가지고는 전혀 위안을 못 받으니, 당신이 그렇게 해주면 내가 반드시 그 은혜를 갚겠다'고 정성으로 부탁하십시오. 여자가 모르게 돈을 두고 오면 더욱 좋습니다."

상다리가 부러지도록 거하게 차렸다.

'갈아 마셔도 시원찮을 년에게 도리어 굽실거리라는 거냐'며 좌중이 흥분하자 청담이 덧붙여 말했다. "이 래야만 다음 생에 그런 남편을 안 만납니다. 빚을 다 갚았기 때문입니다."

상다리가 부러져 엎어진 음식들을 잠자코 주워 담는다.

한자 '爲위'는 '손톱〔爪〕'으로 '코끼리〔象〕'를 움켜쥔 모습을 본 떴다. 인간이 동물을 부린다는 뜻으로, 인위와 문명을 가리 키는 글자다. 또한 그것은 '하다' '되다' '다스리다' '삼다' '생 각하다' '배우다' 등등으로 아주 다의적이다. '~를 위하여'의 '위'도 매우 빈번하게 쓰이는 '爲'다. 한여름에 한여름보다 무 더운 바람을 내뿜는 에어컨 실외기 앞에 서 있다 보면, 그 의 미를 쉽게 이해할 수 있다. 자연을 '인위'로 조작한 공간의 크 기가 '문명'의 수준이라는 것을. 동물이 인간을 '위하여' 살 때, 인간은 스스로 감당해야 할 책임과 고통을 회피한다.

남을 괴롭힌 만큼 내가 즐겁고 남에게서 빼앗은 만큼 내가 배부른 것이, 우리들의 아름다운 조국이고 지구촌이다. 실외 기의 곤욕스러운 열풍은 어딘가에서 패배하고 희생됐을 자들의 원한이거나 마지막 날숨의 집합일 것이다. 그리고 꿈속의 원귀로든 따뜻해지는 북극으로든, 죄업은 반드시 살아남아서 기어이 되돌아온다. 이번 생이 아니면 다음 생에 되돌아온다. 불교에서 말하는 인과응보를 한 마디로 정리하면, '빚쟁이는 영생永生한다'는 것이다. 식탁에 올라온 북어대가리가 언젠가 내게 주어졌었던 참수斬首라고 믿게 되면, 밥을 조금만 먹게 된다.

불교에선 유위법有爲法도 몹시 경계한다. 아무리 좋은 일이라도 일부러 하거나 뽐내면서 하면 안 된다는 거다. '내가 한다'는 마음으로 하면 '선행'이 아니라 '자랑'이어서, 죄업의 씨앗만 남긴다. 주면서 우쭐거리거나, 보상을 바라거나, 가르치려들거나, 조건을 달거나 등등. 그냥 주고 다 주라 한다. 인간 '위주爲主'의 삶이든 본인 위주의 삶이든, 자기를 중심에 두는 삶은 응당 악행이 되거나 최소한 유치해지는 법이다. 남들이 있는 척 잘난 척을 할 때 얼마나 꼴 보기 싫던가. 바로 그게 지금 너의 모습이다. 너만 못 볼 뿐. '나'는 나에게나 귀중한 존재다. 나는 나에게나 나일 뿐, 남들에게는 시답잖은 남일 뿐이다.

밥벌이를 위해 살면 밥벌레가 된다. 나만을 위해 살면 원한을 산다. 반면 남을 위해 살면, 그 공력功力의 대가는 온전히 남의 몫이다. 그래서 못된 남편을 위해 살아야 못된 남편이 불행해진다. 받지 말아야 할 복福을 받으면, 저승사자가 그 복을 몸에서 뜯어간다.

◎

최고의 복수는
복수하지 않아도 좋은 것이다.

#14
피로 꼰 외줄

저것이 있으니까
이것이 이것이다.
저것이 없었다면
이것은 아무것도 아니다.

슬픔이 있으니까
기쁨이 기쁨이다.
슬픔이 없었다면
기쁨은 아무것도 아니다.

죽음이 있으니까
삶이 삶이다.
죽음이 없었다면
삶은 아무것도 아니다.

아무것도 아닌데,

왜 이러고 있는가.

○

조산曹山 선사에게 누가 찾아와 징징거렸다. "온몸이
쑤시고 아픕니다. 스님께서 치료해주세요."
삶이 너무 힘들면 삶이 소중한 줄 모른다.

"싫어."
삶이 너무 편하면 삶이 고마운 줄 모른다.

"왜요?"
그래서 비가 내리기도 하고 날이 개기도 하는 것이다.

"너를 살지도 못하고 죽지도 못하게 하련다."
그래서 얼굴이 울 줄도 알고 웃을 줄도 아는 것이다.

누구에게나 인생은 태어남과 죽음 사이에 난 외길이다. 꽃길
이어도 결국 외길이며 간혹 벼랑길이어도 다시 외길이다. 그
길을 힘내어서 꾸준히 걸어가면 그만이다. 죽음이 죽으라고
할 때까지, 나는 그 핏줄 같은 외줄을 타야 한다.

삶의 고됨은 이러지도 저러지도 못할 때 최고조가 된다. 그러나 죽자고 살아갈 때 삶에는 불꽃이 튀긴다. 죽을병에 걸려야 삶이 귀한 줄 안다. 이제는 죽어도 좋을 때 삶은 자유로워진다. 죽음과 가까워져야만 삶은 어떤 식으로든 빛을 발하는 것이다. 인생의 빛나는 순간은 생사의 기로에서만 나타난다.

◎

꽃이 피었다.
"너도 일어나라."

걱정하지 마라.
한 번만 살아내면 된다.

'체념'이란 단어가 어릴 때부터 참 좋았다. 무엇보다
그 발음 때문에 흐뭇하다. 'ㅊ'을 내뱉는 순간에, 이미 거의 다
편안해져 있다.

쳇.

혀 차는 소리는 하나의 자유. '사는 거 다 거기서 거기'라는
진리의 법음法音.

건방지게 치받는 것들아,
죽음에 순서는 없다지만 예외도 없다.
꼴사납게 가르치려 드는 것들아,
나도 너희들만큼은 견뎌왔단다.

혀끝이 입안의 허물을 털어낼 때마다, 봄바람이 나를
데리러 온다.

15

막 산다는 것

고기도 많이 먹어본 자가 그 맛을 알 듯, 아픔도 많이 당해본 자가 그 맛을 안다. 쓴맛이 사는 맛임을 알게 되면, 단맛이 오래갈 맛이 아님을 알게 된다. 또한 고기를 먹으면 먹을수록 힘이 쌓이듯이, 아픔도 당하면 당할수록 힘이 쌓인다. 복수의 덧없음이 보이고, 남의 아픔이 남들보다 빨리 보인다. 그리고 이왕 아플 것이라면, 죽을힘을 다해 아파하는 것이 좋겠다. 아픔이 남아서 후일을 도모하거나 다른 이들에게 옮겨가지 않도록.

○

홍성 읍내의 한 부자가 죽은 아버지를 위한 49재를 서산 천장암에서 지냈다.
49재는 망자亡者에 대한 최후의 심판이다.

불단佛壇에 진수성찬이 수북이 차려졌다.

7개의 일주일 동안 7명의 사신死神이 나타나 각자 죄를 따져 묻는다.

5월 보릿고개에 잿밥이라도 얻어먹으려 수많은 사람들이 절 앞에 몰려들었다.

살아서 얼마나 착하고 진실하게 살았는지.

천장암 주지였던 경허는 염라대왕에게 바쳐야 할 음식들을 이들에게 내주었다.

판결이 좋으면 극락에 간다.

부자가 무슨 짓이냐고 노발대발했다.

남을 위한 일이 나를 위한 일이다.

경허는 "아버지가 마지막까지 원망을 사는 게 좋겠느냐 칭찬을 받는 게 좋겠느냐"며 설득했다.

죽어보면 알 수 있다.

스님은 막 살았다. 사람들은 악하게 사는 것을 막 사는 것인 줄 안다. 그게 아니라 그때그때의 인연을 있는 그대로 받아들이며 사는 일이다. 순탄한 인연은 순탄한 대로 악랄한 인연은 악랄한 대로 감당하는 것이다. 순탄해봐야 얼마 안 가 사라지고, 악랄해봐야 고작 양아치들일 뿐이다. 그래서 동네 아이들이 땡초라고 마구 놀릴 때, 스님은 그 큰 덩치에 그냥 웃기만

했다. 없을 막莫. 없음으로 사는 것이다. 나는 없어도 된다면
서 사는 것이다.

◎

인생무상.

이것뿐이고
이거면 된다.

#16
일

하늘이 맑으면 땅은 마른다. 해가 구름에 가리면 어둡기도 하지만 시원하기도 하다. 윗물 맑기가 어려운 까닭은, 너무 많은 자들이 윗물에서 목욕을 하거나 목욕을 하려고 줄을 서 있기 때문이다. 행복의 대부분은 시선처리에 달렸다. 몸이 괴로우면 마음이라도 양지 바른 곳에 가져다두자. 고개를 숙이는 날들이 많아 상심이 크다면, 고개를 더 깊이 숙여야 한다. 못생기고 상처받은 발이 그대를 어디로든 옮겨주고 올려다주고 있다.

○

중국 송나라 때 법연法演이란 선사가 있었다. 3명의 제자와 밤길을 가는데, 손에 든 등불이 그만 꺼져버렸다.
요즘 젊은 애들 돈은 다 부모 돈이란다.

스님이 물었다. "자, 이제 어쩔 테냐."
그 돈으로 남 앞에서 부모 행세를 한다.

한 제자가 근사하게 답했다. "알록달록한 바람이 붉게
물든 노을에 춤춥니다."
네가 철이 덜 들었구나.

또 한 제자가 시적으로 답했다. "철鐵로 된 뱀이 옛길
을 가로질러 갑니다."
너는 아직 덜 맞았구나.

마지막으로 원오圓悟라는 스님이 답을 했는데, 그는
선가禪家의 고전인 《벽암록碧嚴錄》을 썼다.
"발밑을 잘 살펴야죠〔照顧脚下, 조고각하〕."
인생 뭐 있습니까. 콩 심은 데 콩 나고, 많이 심으면 많이 나지요.

누구에게나 태어난다는 건 하나의 대단한 사건이다. 번듯한
이름이 주어지고 해마다 꼬박꼬박 생일잔치도 챙긴다. 그래
서 삶이란 사건의 연속인가 보다. 크게 일을 치르며 세상에
나왔듯, 끊임없이 일을 치러야 하는 것인가 보다. 그렇게 번
번이 일을 치르다보면 힘들고 슬프고 기가 막힌다. 그러나
억울해 할 것은 아니다. 목숨이라는 거액의 선금을 이미 받
았으므로.

세상은 아름답지 않고 공정하지도 않다. 그렇지 않았고 그렇지 않을 것이다. 세상이 냉혹한 이유는 각자가 소중한 존재들이기 때문이다. 내가 잘 살고 싶은 만큼 남들도 잘 살고 싶기 때문이다. 경쟁은 불가피하고 분배의 무게 추는 기울게 되어 있다. 어쨌든 남보다 잘 살지는 못하더라도 살기는 살아야 한다. 하루에 세 끼를 먹든 살을 뺀다고 두 끼를 먹든, 벌어먹어야만 먹을 수 있다. 삶의 시작이 '일'이었듯, 삶의 본질도 '일'에 있는 것이다.

일만 하다 죽을 순 없지만 일을 해야 안 죽는다. 그러니 아무 일도 할 수 없을 때에는 아무 일이라도 하는 것이 답이다. 되는 일이 없을 때에는 되는 일부터 하자. 집 주변을 산책하는 일에는 피로가 없고 화초에 물을 주는 일에는 손해가 없다. 작은 힘들이 쌓이면 큰 일을 할 수 있는 힘이 자라나기도 한다. 세상일이 내 맘 같지 않을 때에는 세상 일을 하지 말고 나의 일을 하자!

시선이 멀면 발밑이 위태롭다. 꿈을 이루기가 힘든 까닭은 그것이 현실이 아니라 망상이기 때문이다. 천리 길도 한 걸음부터다. 만 리 길은 너무 길어서 중간에 부러지기 쉽다. 부모에게 손 벌려서 벌이는 일은 부모의 일이지 나의 일이 아니다. 낙원은, 지금 내딛는 발걸음 안에 있다.

◎

무심無心은
뚝심이다.

#17
그물

신심信心?
믿는 마음.
뭘 믿지?
부처님을 믿지.
왜 믿지?
마음을 편안하게 해주니까.

부처님이 너의 마음을 편안하게 해준 걸까?
부처님을 믿는다는 너의 마음이
너의 마음을 편안하게 해준 걸까?

믿었는데
배신당하는 게 아니다.
믿는다면서
떠넘긴 것이다.

부처님은 나의 친구.

내가 부처.

○

어느 해 여름, 안거安居를 해제解制하던 날이었다.

방학이 되면 아이들은 웃고 엄마들은 운다.

만공滿空 스님이 3개월 간 두문불출하며 열심히 참선한 선승들을 격려했다.

가장 크게 웃는 건 돈 받고 오래 쉴 선생님들이다.

"올여름 여러분은 용맹스럽게 잘들 정진하였다. 하지만 나는 특별히 하는 일 없이 무더위 내내 그물만 드리우고 있었던 것 같다. 그런데 오늘 와서 보니 그물 속에 고기 한 마리가 걸려 있구나. 자! 일러봐라. 어떻게 해야 고기를 구할 수 있겠는가?"

방학숙제를 내주는 일로도 그간의 스트레스를 보상받는다.

무리 가운데서 한 스님이 일어났다.

별똥별이 될 별이다.

뭐라 한마디 하려고 그가 입을 떼는 순간, 만공 스님이 외쳤다. "옳거니! 또 한 마리 걸려들었다."

그 별을 별사탕 삼아 먹었다.

그물의 도시에 산다. 이것 좀 먹어보시라고 이것 좀 입어보시라고, 거리 여기저기서 미끼를 던진다. 간신히 빠져나오면 최신식이라고 가성비가 으뜸이라고, 더 탐나는 미끼 앞에 내던져진다. 이미 승부가 정해진 싸움이라는 걸 잘 안다. '누가 떼돈을 벌었다'는 얘기를 들은 것뿐인데, 갑자기 낚싯바늘이 나타나 내 코를 꿰어간다. 당신은 아무리 키가 커도 소시민이다.

잘 모르는 사람이나 별로 알고 싶지 않은 사람과 둘이서만 점심을 먹어야 할 때가 있다. 어색한 분위기가 괴로워서, 물어볼 필요가 없는 걸 물어보고 소주도 시킨다. 회사로 돌아오면 윗사람이 자꾸 뭘 묻는다. 집으로 돌아오면 아랫사람이 입을 벌려 먹이를 보챈다. 수중에 가위가 없는 것은 아니다. 그러나 그물이 끊기면 밥줄이 끊긴다.

어업의 도시에 산다. 쉴 새 없이 낚고 낚이며 엮고 엮이는 통에, 누구에게서나 바다냄새가 난다. 비린내라고도 한다.

'잘 생각해라.' 전화기 너머에서 갑자기 급류가 밀려들어오곤 한다. 연기緣起. 부처님 말씀대로 너와 나는 서로 연결되어 있어서, 나는 너에게 빨대를 꽂고 너는 나에게 소송을 건다. 세계 11위의 경제강국은 어획량이 풍부한 만큼 먹잇감도 넘치며, 홍등가의 여인들은 망사를 즐겨 입는다. 대통령에 오른 자의 마음은 만선滿船이다.

어제는 회를 떴고 오늘은 가시를 발라드렸다. 크고 작은 그물들의 경쟁과 결탁 안에서, 나 역시 나름대로 그물을 드리우고 무엇이든 걸리길 기다린다. 물론 그물 안에 쳐진 그물일 뿐이다. 내가 그물을 치는 자세는 대체로 넙죽 엎드린 채 손만 벌리고 있는 것이다. 그들의 그물이 나의 그물을 먹어치워야만, 내 그물은 안전하다.

그렇다. 뭔가 바라는 게 있으니까 그물 안으로 자청해 들어간 것이고, 그들처럼 되기를 바라니까 그들을 흉내 내서 투망한 것이다. 그러므로 그물의 바깥에서 살고 싶다면, 그물에 걸릴 만한 물고기의 인생 따위는 선뜻 포기할 수 있어야 한다. 있으면 있는 대로 없으면 없는 대로 사는 것들은, 그물이 잘 안 먹는다.

내가 좋았다면,

그걸로 됐다.

나만의 길을 닦아야만, 남들이 닦아놓은 길에서 멀찌감치 도망칠 수 있다. '1+1'이 '2'가 아닌 '젓가락'인 삶은 혼자서 도 장단 두들기며 잘 논다. '신의 한 수'도 못 당해내는 것이 바둑판을 뒤엎어버리는 일이다. 주야장천 100점을 맞은들 학 생은 학생에 지나지 않는다. 선생만, '선생님'이다.

◎

술을 좋아하거나 여자를 좋아하면 개인만 망한다.

도박을 좋아하면 집안이 망하는 것과 다른 점이다.

선禪을 좋아하면 술이든 여자든 도박이든 죄다 망해버리는 것과도 다르다.

#18
인생

한 번뿐인 인생이다. 실패했더라도 되돌릴 수 없고 성공했더라도 재생할 수 없다. 즐거웠대봐야 또는 슬펐대봐야, 끝내는 소멸할 행복이요, 만료될 징역이다. 모두가 잘 살았다고 떠받드는 인생이라도 한 번밖에 못 산다. 아무도 그렇게는 살고 싶어 하지 않는 인생이라도, 한 번만 살아내면 된다.

○

일본에 하쿠인白隱이라는 선사가 살았다. 어느 날 어떤 미혼모가 자신이 낳은 갓난아기를 하쿠인이 살던 절 입구에 몰래 놔두고 도망쳤다.
세상 참 웃기죠? 이랬다가 저랬다가, 줬다가 뺏었다가….

아이는 하쿠인의 품에서 자라게 됐다. 머지않아 마을에 뒷말이 돌았다. 여자와 오입해 애까지 낳은 파계승이라는 비난이 일었다. 정작 스님은 사실관계에 대해 시시콜콜 해명하지 않았다.

그냥 웃고 삽시다.

10년이 흘러 생모가 하쿠인 앞에 다시 나타났다. 자식을 버릴 수밖에 없었던 사연을 설명하고는 제 골육을 도로 가져갔다. 스님은 그간의 양육비 운운하지 않고 군말 없이 돌려줬다.

당신도 놀러 다니기도 하고 집에 있기도 하고 그렇잖아요.

무엇보다 오해가 깨끗이 풀렸다. "알고 보니 진정한 큰 스님이었구려!" 머쓱해진 동네 사람들이 뉘우쳐 추켜세웠는데, 그는 또 말이 없었다.

웃고 싶어서, 어이없이 넘어지기도 하고 뒤통수도 맞고 하잖아요!

비가 온다. 비가 오면 빗방울이 여기저기 떨어진다. 지붕에도 떨어지고 장독대에도 떨어지고 내 얼굴에도 떨어지고 길바닥에도 떨어진다. 누군가는 금세 증발하고 누군가는 웅덩이로 커가기도 한다. 아주 잠깐 살아있거나, 한동안만 살아있다.

이런저런 빗물을 전부 떠안고 가는 강물을 바라보며 생각한다. 살다보면 이럴 수도 있고 저럴 수도 있다. 살다보면 쌀밥을 먹을 수도 있고 라면을 먹을 수도 있다. 살다보면 저녁을 먹을 수도 있고 저녁을 굶을 수도 있다. 살다보면 서울에 살 수도 있고 부산에 살 수도 있다. 살다보면 안방에서 잘 수도 있고 여관에서 잘 수도 있다. 살다보면 엄마와 잘 수도 있고 여자와 잘 수도 있다. 살다보면 결혼을 할 수도 있고 이혼을 할 수도 있다. 살다보면 이혼을 할 수도 있고 이혼을 당할 수도 있다. 살다보면 아이를 낳을 수도 있고 아이를 잃을 수도 있다.

살다보면 오래 살 수도 있고 조금 덜 살 수도 있다. '살다' 와 '보면.' 결국 산다는 건, 어떻게 되나… 지켜보는 것이다. 살다보면 살 수도 있고 죽을 수도 있다.

비 내린 강가에는 버려진 저울이 떠다닌다. 시곗바늘도 물에 빠져서 벌써 녹이 슬었다. 오르락내리락 무의미하고 붉으락푸르락 다 씻겨 내려가는 날들이여, 나도 머지않았다. 그모든 가능성의 숲에 나를 던져놓고, 아무나 가져가길 바랄수 있다면.

인생이란
한번 질끈 몰아친 파도.

눈 뜨면
바다.

2부 걱정하지 마라. 한 번만 살아내면 된다.

#19
차도남

내가 읽은 책 속의 선승禪僧들은 징징대는 걸 몹시 싫어한다.
때리면 맞았다. 항상 과묵하고 검소하게 살았다. 죽을 때가
되면 그냥 죽어버렸다. 그리고 유언은 대부분 "내 장례식 때
울면 죽여버리겠다"는 것이었다.

○

서울대 다니던 학생들이 경남 양산에 있는 통도사 극
락암으로 여름수련회를 갔다.
옛날엔 고시공부를 하러 절에 많이들 갔다.

조실祖室, 선원에서 수행자들을 지도하는 최고 어른이었던
경봉鏡峰 스님의 지도 아래 참선을 체험했다. 처음 틀
어보는 가부좌에 다들 애를 먹었다.
고시공부도 힘들지만 마음공부도 힘들다.

"스님, 이거 잘 안 되는데요. 그냥 책상다리만 하면 안 되겠습니까?"

그래서 고시공부만 하고 싶구나.

스님이 말했다. "그래, 병신은 안 되지."

잘 먹고 잘 살고 싶다면, 나가서 해라.

엄살은 어디에서 오는가. 간단하다. 이기심에서 온다. 내 몸 아끼자니 힘든 일이 하기 싫고, 내 몸 편하자고 책임을 남에게 미루는 것이다. 인간은 덜 아프기 위해 진통제를 발명했고 더 편하기 위해 빈민촌을 불도저로 밀어버린다. 인류의 진화는 엄살의 진화이기도 하다.

엄살은 죄악이지만 현실이다. 마음이 근본이라지만 몸이 먼저다. 몸이 사라지면 마음은 곧장 죽는다. 마음이 아파도 몸은 안 아플 수 있지만, 몸이 고통스러우면 마음은 무조건 아프다. 결국 몸이 살아야, 내가 산다. 누구나 제 몸 아끼자고 머리를 굴리고, 제 몸 편하자고 남의 마음에 상처를 입힌다. 마음이 몸에 묶여 있는 한, 생명은 일정하게 사악하고 치졸할 수밖에 없는 것이다. 우리가 거룩하고 소중하다고 추켜세우는 생명의 진정한 본질이다. 내 삶의 주인은, 미안하지만 내가 아니라 '삶'이라는 환경과 조건이다. 먹고살아야 하니까 욕을 먹고, 일단 살고는 봐야 하겠으니까 조금씩 적폐가 되어가는 것이다.

몸은 내게서 수탈한 밥으로 몸통 구석구석에 품삯을 준다. 월급 내려 보내듯이 영양분이 간다. 뒤를 돌아보거나 주변을 둘러보면서 살자니, 나의 눈은 이놈의 몸에게 너무 많은 빚을 지고 있다. 그래서 내 몸이 처먹을 몫이 커진다면, 눈은 자기 눈을 까뒤집는다. 내 몸이 더 높은 자리로 올라갈 수만 있다면, 마음은 벼랑에서 뛰어보기도 한다. 물론 몸을 다치게 하거나 힘들게 하는 것만큼 마음에게 큰 죄는 없다. 그래서 웬만해선 하기 힘든 가부좌는 말고 책상다리를 하는 선에서 적절히 타협을 본다. 그렇다고 병신임을 자인하기는 창피하니까 으레 '전략적 후퇴'나 '일상의 작은 지혜'라고 표현한다. 병신이 한 명 더 있으면 '화합'이라고 쓴다.

선禪, dhyana의 의미를 요약하자면 '고요하고 평온한 마음'이겠다. 탐욕에 흔들리지 않고 분노에 폭발하지 않는 마음. 무심無心이라 해도 좋고 청정심淸淨心이라 해도 좋다. 그러나 나에 대한 험담 한 마디면 그 자리에서 없었던 일이 되는 게 알량한 무심이요, 30만원 받을 일에 20만원만 받으면 당장에

입이 더러워지는 게 허울 좋은 청정심이었다.

그러니 몸 따로 마음 따로 가는 게 선禪이다. 몸이 어떻게 되든 마음의 중심을 잃지 않는 것이 선이며 그러자고 하는 게 수행修行이리라. 육체성의 극복이고 이기심과의 단절이다. 어디서나 '차도남' 되고 '쿨가이' 되자고 도 닦는 거다. 몸뚱이가 수시로 내미는 청구서를 거부하지 못한다면, 우리에겐 개돼지를 깔볼 명분이 없다. 요즈음엔 '내가 병신이 될 수도 있구나' 인정하는 마음과 '병신이 되어도 괜찮다' 포용하는 마음을 원한다.

◎

봄이 와서 나를 한 대 치고 갔다.

아프다고 끙끙대는데,
여름이었다.

#20
개간

본래부처.

사람은 각자가 고귀하고 소중한 존재여서,
자기만 생각하고 산다.

모든 인간은 자유롭고 평등하다.
알고 보면 다 밝히는 자들이란 거고
다 똑같은 놈들이란 거다.

○

혜월慧月 스님이 부산 선암사 주지를 맡게 됐다. 사찰
의 살림을 늘리려 산을 개간하기로 했다.
미투Me Too가 '한 소식' 주고 갔다.

개간 비용을 마련하기 위해 기존에 있던 논 다섯 마지

기를 팔았다. 하지만 세 마지기를 개간하는 데 그쳤다. 사실상 두 마지기 손해를 본 셈이다.

인생, 말년이다.

대중이 이걸 가지고 구시렁대자 혜월 스님도 투덜댔다.

유명해지지 말자.

"다섯 마지기는 그대로 있고 세 마지기가 늘지 않았느냐."

눈물을 주면, 피눈물을 살 수 있다.

처음부터 예고된 손실이었다. 개간을 위해 고용한 인부들은 대충 일했다. 게다가 걸핏하면 혜월에게 '부처님 말씀을 가르쳐달라'고 조르며 일손을 놓았다. 농땡이라는 게 빤히 보이는데도, 스님은 그때마다 친절히 법문을 해주었다. 인부들이 꼼수를 써서 노동의 경제성을 추구할 때, 절땅을 사간 사람들도 놀지는 않았을 것이다. 스님의 순진함을 십분 이용해 자산의 극대화를 이룩했을 거다. 수익성은 기본적으로 폭력성을 내포하고 있다.

당장만 생각하면 혜월의 행동은 철두철미하게 바보짓이다. 그러나 누가 농사를 짓든, 농지의 총량은 여덟 마지기로 증가

했다. 땅의 새 주인들은 스님들 앞에서 떵떵거리거나 코웃음을 치겠으나, 땅은 늘어난 채로 살아있다. 장 씨가 그 땅에서 밭을 갈든 이 씨가 새 건물을 지어 올리든, 땅은 살아서 사람을 두루두루 먹여 살릴 것이다.

그 땅을 투전으로 날려먹든 자식들 학비로 날려먹든 상관없다. 국토는 좁아도, 땅 살 사람은 많다. 아예 전쟁이 터져서 모조리 죽고 땅문서가 불타버려도, 땅은 유유히 자리를 지키며 새로운 주인을 기다릴 것이다. 다만 요행히 혜월의 법문을 들었던 이들이나 그 자손들이 살아남았다면, 거기서 술이나 팔고 있진 않을 것이다.

◎

싹이 돋는다.
"내 몫 내놔라!"

#21
사랑

술자리에 가서 화장실에 갔다.
사실은 불편한 지인이 옆에 앉았기 때문이다.
그래도 오줌을 누니까 시원하다.
그놈도 함께 쓸려 내려가는 것 같아
기분이 좋아지는데,
문득 스치는 것이 있었다.

물이 아래로 흘러야만 다들 닦이는구나!
손을 씻으면서,
정말 손을 씻었다.

땅으로 처박히면서도 노래하는
빗소리가 참 듣기 좋다.
너라고 거기 앉고 싶었겠느냐.
나라고 네가 싫어하도록 살고 싶었겠느냐.

2부 걱정하지 마라. 한 번만 살아내면 된다.

남의 집 세면대에서 사랑을 배웠다.

중력重力은 우리를 부끄럽게 한다.

○

김천 직지사 천불선원에 30여 명의 대중이 모였다. 제산霽山 스님의 지도를 받으며 참선에 열중했다. 모두가 열심히 정진했는데 유독 하나가 말썽이었다. 참선 시간에 자주 지각을 했고 혼자 낮잠을 자거나 남몰래 누룽지나 먹었다.

나 좀 알아달라는 거다.

보다 못한 선승禪僧 여럿이 제산을 면담하고 불만을 터뜨렸다. "큰스님, ○○ 때문에 공부가 방해됩니다. 쟤를 선원에서 내보내주세요." 제산은 아무 말이 없었다. 다음 안거安居 때에도 단독행동은 반복됐고 똑같은 건의가 올라왔다. 역시 묵묵부답. 그렇게 몇 철이 흘렀는데도 도무지 개선의 기미가 없었고 기어이 모두 폭발하고 말았다. "큰스님, ○○를 쫓아내지 않으면 저희들이 떠나겠습니다!"

못 알아주겠다는 거다.

제산은 마침내 입을 열었다. "잘들 가시오."

알아주라는 거다.

의외의 반응에 놀란 이들에게 제산이 다시 말했다. "여러분은 모두 똑똑하고 공부도 잘하니, 어디를 가더라도 잘들 살 것이오. 하지만 이 사람은 나하고 있어야 그나마 살 것이오."

알아주겠다는 거다.

만인萬人을 사랑하면 만인의 사랑을 받는다. 흔히 독재자와 스타들이 그리 한다. 그렇다고 만인과 성관계를 하거나 만인이 먹을 밥을 위해 저녁 찬거리를 사오거나 하지는 않는다. 거의 말로만 그런다. 만인을 사랑한다고 해야 정권이 안정되고 억대의 개런티가 끊이지 않기 때문이다. 그들의 만인에 대한 사랑은 만인에 대한 지배에 가깝다. 이에 반해 한 사람을 사랑하는 일은 돈도 되지 않고 표도 나지 않는다. 더구나 피지배의 성격을 띤다. 고등학교를 졸업한 지 25년이 됐는데 여전히 '빵 셔틀'을 띤다. 나는 매우 속이 좁아서, 같이 사는 사람이 삐치는 걸 견디기 몹시 힘들어한다. 한편으론 내 불편함의 크기 그대로 상대방이 편해진다는 것을 가르쳐준다는 점에서, 배우자는 좋은 교보재다.

'사랑하다'의 어원으로 흔히 '살다', '사량하다思量, 생각하다', '사르다[燒]' 등이 거론된다. 그런데 중세국어에서 '사랑'의 '사'는 'ㆍ아래아'였다. 반면 '살다'의 '살'은 원래부터 모음이 'ㅏ'였으니, 결국 '살다'는 후보에서 탈락이다. 이러면 '사량하다'와 '사르다'만 남는데, 둘을 섞으면 사랑의 본질이 나타나는 듯도 하다. '당신을 열렬熱烈히 사모思慕한다'는 옛날 연애편지의 해묵은 관용구는 사실 인류의 숭고하고 장구한 전통을 보여준다. 사랑하는 사람의 안위와 행복을 '간절히 생각하며' 나 자신을 '불태우고 희생하는 것', 이것이 사랑의 객관적 원형이겠다.

그리하여 나를 비우는 것이 아니면 사랑이 아니다. 그대의 입장에서 생각해주는 것이 아니면 사랑이 아니다. 모텔에 가자고 조르는 것이 사랑은 아니다. "사랑한다"는 말이 사랑까지는 아니다. "사랑해달라"는 말이 사랑이어선 안 된다. 그대의 편에 서주는 것이 아니면 사랑이 아니다. 행여 발밑이 오판이거나 치욕이더라도.

나는 사랑이 모자라고 사랑에 서툴며 때로는 사랑 앞에 군침 흘리는 걸 좋아하는 짐승이다. 다만 그대의 잠을 깨우지 않고 출근하는 것, 내가 멀리 갔을 때 그대의 삶을 걱정하는 것, 걱정해주는 게 아니라 그냥 막 걱정이 되는 것, 나의 정신 병력을 염려하는 그대 옆에서 오래오래 살아야겠다고 결심하는 것, 그건 사랑일지 모른다. 여자 생각에 잠 못 들거나 여자를 어쩌지 못해 안달하는 젊은이 또는 내연남들아, 사랑은 그리 아름답지도 포근하지도 않다. 나를 내어주고 죽여낸 곳에만, 피를 흘리며 나타난다.

◎

사랑한다.

죽어주마.

22

봄볕

도시에 살든 시골에 살든 장단점이 있다. 누구와 살든 갈라설 수 있다. 큰 잘못을 저질러서 삶을 망치기도 하지만, 별잘못을 안 했는데도 삶을 망칠 수도 있다. 삶이란 본래 모호하고 난처한 것이다. 그럴 것 같지만 그렇지 않고, 이래야하지만 저렇게 널브러져 있다. '태초에 말씀이 계셨다요한복음 1장1절'지만 그 말씀이 잘 먹히지 않는 세상이다. 하긴 그러니까 다 먹힐 때까지 성경이 대접받고 사는 것이다. 일어나지 말아야 할 일들이 아무렇지도 않게 일어나는 세상이기도 하다. 인간이 괜히 만물의 영장이겠는가. 수틀리면 만물을 파괴할 수도 있다. 그 모든 우연偶然은 초연超然해지라고있는 것이다.

○

경허鏡虛 스님이 어느 날 시를 썼다.

"세상이 옳은가? 청산이 옳은가?"
아파트가 좋은가? 전원주택이 좋은가?

"봄볕이 없는 곳엔 꽃이 피지 않는구나." 〔世與靑山何者是
春光無處不開花〕
비싼 집이 좋지.

봄볕이 들면 어디든 생기가 든다. 인생이 피고 웃음꽃도 핀
다. 그곳이 세속의 집이든 탈속의 절이든 상관없다. 골고루
따스해지고 살만해진다. 봄볕은 집도 절도 없는 이들에게도
차별이 없다. 혈연에 얽매이지도 않고 인격을 따지지도 않는
다. '비춰준다'는 생각도 '비춰줄까?'라는 거래도 없이, 온몸
이 '비춤'이 되어 비춘다. 3월엔 개학을 하고 4월엔 선거를 한
다. 봄볕이 사라지면 당장에 죽어버리거나 잔뜩 움츠러들어
제몫이나 챙길 것들이.

◎

또 하루가 간다.
죄는 쌓인다.

2부 걱정하지 마라. 한 번만 살아내면 된다.

또 하루가 온다.

벌 받으면 된다.

#23
쉼

담배를 피우면서 생각한다.
끊는다 해놓고 피우면서 생각한다.
타인을 질투하면서 생각한다.
밤새 질투하면서 생각한다.

나를 아끼고 사랑한다는 건
정말 힘든 일이로구나.

그러니
너무 아끼고 사랑하지 말자.
어차피 썩을 몸
너무 가꾸지 말자.
언젠간 무너질 마음
너무 으스대지 말자.

번번이 실패하는 다이어트

마음의 군살이라도 빼야지.
1:1도 승산이 간당간당한데
60억 세상을 어찌 감당하려는가.

아름드리나무는
아름다운 꽃을 피우고
북극곰은 연어를
눈깔부터 씹어 먹는다.
생존이라는 운명적 과제 앞에서,
누구나 조금씩은 비열하고
약간은 악마다.

용서하라.
다들 살아야 하니
내가 상처받는 것이다.
왜 나만 아파야 하냐고?
너도 아프게 하니까.

태양은 떨어져 있기에
고통의 화염이 아니고
생명의 근원이다.

너 자신을 그렇게
멀찍이 내다놓으라.
흥분한 네가 다급한 네가
또 불러서 자해하지 않도록.

멀리 있는 것들만이
안전하고
나를 해치지 않아
거룩하다.
거리를 둬야만
전체가 보인다.
쉬어 가야만
오래 갈 수 있다.
쉬고 싶다면
이기지 말라.

세상에 중심이란 없으니
어디에도 정답은 없다.
스스로 피곤하다고 느끼면
그게 과로다.
스스로 버겁다고 느끼면

그게 과오다.

쉬고 또 쉬어라.
충분히 쉬었으면
한 번 더 쉬어라.

○

어느 해 부처님오신날에 조계종 총무원장이었던 성수
性壽 스님이 서울 조계사에서 법문을 했다.
그 작은 고추 하나 때문에…

"네 가지 중한 죄를 저지른 죄인의 생일날이 무슨 축
하할 일이라고 만 명씩이나 모였는가. 왕자임에도 나
라를 내팽개친 역적, 부모의 뜻을 어기고 집을 나간
불효자, 백년해로를 약속해놓고 야반도주를 해버린
무책임한 남편, 아들을 애비 없는 자식으로 만든 비정
한 아버지가 바로 석가모니다."
지구의 평화가 깨지고 여자들은 운다.

생경하고 불경스러운 법문에 좌중이 웅성거리자 스님
이 한 마디 붙였다.
'32상相 80종호種好'는 부처님의 여러 신체적 특징을 가리킨다. 여기에 따르면 부처님은 '그것'이 거의 보이지 않았다고 한다.

> "제가 차린 밥을 먹고도 남에게서 욕을 먹는 자들이 부
> 지기수인데, 중죄를 저질러놓고 무려 3,000년 동안 세
> 상의 존경을 받는 재주를 그대들은 알겠는가."

나는 부처님처럼, 남자가 아니라 사람이고자 한다.

집 한 칸 장만하고 싶은 마음들이 모델하우스를 구경한다. 어떤 남자는 여자의 손을 잡고 있고, 또 어떤 남자는 그 여자가 부과附過한 아이의 손을 잡고 있다. 그 여자를 세상으로 밀어낸 여자도 어머니란 벼슬로 무리 안에 끼어 있다. 어린이는 빨리 집에 가자며 울고 늙은이는 빨리 새집에 가자며 운다. 모두의 감탄을 자아내는 집은 그러나 정작 아무도 들어가 살 수는 없는 집이다. 관음觀淫의 인파로 붐비는 모델하우스는 난파선 같다. 다들 떠내려가지 않으려고 식구들 한둘쯤은 단단히 붙잡고 있다.

집은 재산이기도 하고 쉼터이기도 하고 책임이기도 하다. 행복의 시작은 가족이라지만, 그들만의 행복이다. 사랑하는 이들을 벌어먹이려면, 사랑하지 않는 이들에게서 자꾸 빼앗아 와야 한다. 나도 너만큼이나 집 지키는 개다. 오늘도 돈 때문에 부당하게 살았고 터무니없이 말했다. 묵살당하고 묵인

한 대가는 월급명세서에 기재되지 않는다. '양육'과 '외조'와 '봉양'은 자본의 곁에서 알랑거리는 미희美姬들 같다. 한편으론 더럽고 치사한 일을 많이 저질렀을수록 집으로 돌아오는 발걸음이 편하다. 뭔가 '한 껀' 한 것 같고, 밥값을 한 것도 같다. 나의 족적 가운데 적어도 몇 개는 상흔傷痕일 것이다.

아무리 가장家長이라지만 그래도 본래는 인간이다. 집요하게 비비고 속이고 짓밟으면서 뜯어내다보면, 죄책감이 생기게 마련이다. 그러니까 부처님 같은 사람이 존경을 받고 가장들의 부러움을 사는 것이다. 출가하여 집 없는 자는 맨몸으로 집이 되어야 한다. 아무도 지켜주지 않고 아무도 사랑해주지 않는 고독은 비참하다. 하지만 그만큼 정결하다는 것이 장점이다. 집과 집안과 집집마다가 만들어내는 온갖 허물로부터 한참을 물러난 덕분이다. 적어도 자기만 벌어 먹이면 되는 까닭에 그렇기도 하다. 혼자서 먹는 밥은 그리 많은 폭력을 필요로 하지 않는다.

욕정이나 집착과 붙어먹지 않은 사랑이 어디 있는가. 생식기가 몸의 바깥으로 달린 덕분에 필연적으로 땀을 흘리고 눈을 흘기고 죄도 짓는다. 어쩌면 남자 구실을 못 하게 될 때가, 참된 인간으로 거듭나는 순간일 수 있겠다. 그에게는 사

랑과 관련한 세금이 날아오지 않는다. 고자鼓子여, 거의 완성
된 성자여.

◎

부처님의 마음을 붙잡아
내 안에 가두고 싶다.

#24
노동의 기쁨

집에만 있는 편이다. 출장명령이나 떨어져야 해외를 간다. 직장의 특성상 불교성지를 위주로 돌아다니게 되고, 불교성지는 거의가 동남아시아에 있다. 유적보다 더위가 먼저 마중을 나온다. 게다가 입국入國할 수 있다는 건 거기가 평시平時라는 것이다. 고만고만한 민족들이 고만고만한 체제 안에서 고만고만한 고민을 안고 살아들 가는 풍경으로만 보인다. 대충 구경하고 대충 물어보며 혼자 그늘만 찾아다닌다. 나는 내 삶이 너무 무겁다고 생각한다. 숙소에 칫솔이 없으면 이도 닦지 않고, 귀찮아서 비행기에 짐도 부치지 않는다. 제법 다니다보니 이국異國에 대한 설렘은 줄어드는데, 기내 금연의 불안과 고통은 전혀 변화가 없다. "담배 피우러 왔니?" 같이 간 길손들에게서 꼭 욕을 먹는다. 나는 아주 부족하고 형편없는 사람이지만 다행히 오기傲氣는 꽤나 있어서, 먹은 욕에 비례해 기사가 잘 써진다. 생각이 많은 성격은, 어디를 가더라도 어디 가지 않는다. 엇비슷한 일정과 엇비슷한 안전과 엇비슷한 기분의 반복 속에서, 나라 밖 외근은 또 다시 그렇게 마무리된다. 고국에 돌아오면 기사를 실어야 할 지면紙面이 기다리고 있고 배불러진 지면이 던져주는 월급이 기다리고 있다. 저물녘 노을이 산마루 위에 엎어져 늘어지게 쉬고 있다. 내 인생이 저것이었으면. 평화로운 삶을 원한다면, 일단 지긋지긋하게 지겨운 삶부터 쟁취해야 한다. 언제쯤 나는, 굳이 내가 아니어도 괜찮을까. 청풍명월淸風明月이 내 안에 찌들어 있는 것 같다. 나는 나의 죽음이 동네 아저씨처럼 왔으면 좋겠다.

○

전강田岡 스님은 경허鏡虛 스님의 법을 이은 만공滿空 스님의 제자다. 어느 날 만공 앞에서 경허의 오도송悟道頌에 대해 한소리를 했다.
아랫사람도, 가끔은 행복하게 살고 싶다.

忽聞人語無鼻空 홀문인어무비공
문득 '콧구멍 없는 소'라는 말에
頓覺三千是我家 돈각삼천시아가
'온 우주가 곧 나'라는 사실을 알았도다.
六月燕巖山下路 유월연암산하로
6월에 연암산을 내려가는데
野人無事太平歌 야인무사태평가

할 일 없는 사람이 태평가를 부르는구나.

"다 좋은데 마지막 구절이 법루法漏인데요. '유월연암 산하로'는 그대로 두되 그 다음 글귀를 제 나름대로 붙여보겠습니다."
사장님의 고급정장에 땟국이 묻었으니 제가 지워보렵니다.

만공이 물었다. "어찌해보려는가?"
(부장님 말투로) 자국이 조금이라도 남으면, 넌 작살난다.

전강이 춤을 추면서 답했다. "여여 여여로 상사뒤야."
너무 겁주지 마십시오. 저는 존경하는 사장님을 위해 늘 엉덩이를 흔들어왔습니다.

만공이 말했다. "손자가 할아비를 놀리는 것일세, 참으로 손자가 할아비를 놀리는 것일세."
벌써 잊었습니까? 당신의 집은 나의 뼈로 지었다는 것을.

농부가는 농부 여럿이 일을 할 때 부르는 노래다. 오래된 과거엔 전국 어느 논밭에서나 비슷비슷한 농부가들이 울려 퍼졌다. 가사는 조금씩 다르더라도 공통적으로 풍년을 기원한다. 이런저런 농부가를 찾아봤는데, 요堯 순舜 신농神農 하우夏 禹 등 농사깨나 안다는 중국 전사前史 시대의 신인神人들을 동원하거나, 각월各月과 절기마다 이행해야 할 업무목록을 열거

하거나, 새참 내올 때 막걸리 잊지 말라고 당부하기도 한다.

물론 농사는 입으로 짓는 것이 아니어서, 농부가의 핵심은 내용보다 형식에 있다. 모를 내거나 김을 매는 손들이 일사 불란하게 움직여야 일이 잘 끝나고 빨리 끝난다. 기계가 아닌 인간들은 농부가의 균일한 박자에 힘입어 기계에 가까워졌 고, 그리하여 나름대로 최대의 효율성과 생산성을 확보할 수 있었다. '여여 여여로 상사뒤야'는 노동집약의 정점에 올라서 서 또 다른 노동집약을 재촉하는 후렴구다. 마치 사내들이 목 소리로 구보驅步를 하는 꼴인데, 입에서 나오는 소리지만 그 소리가 가볍지 않다. 처자식의 안위를 지켜야 하는 근육들이 떼 지어 힘내면서 만들어내는 소리다.

법루法淚. '루'는 '샌다'는 뜻이다. 파이프에서 물이 새든, 오 줌보에서 오줌이 새든, 주머니에서 돈이 새든, 밖으로 말이 새든, '샌다'는 건 그리 좋은 어감이 아니다. 오도송은 깨달음 의 경지를 자랑하는 노래이고, 오도송에 '누수'가 있었다면 결 함이 있다는 뜻일 거다. '여여 여여로 상사뒤야'는 그 구멍을 막는 노래다. 잔말 말고 일이나 하란다. 일할 필요가 없는 자 만이 할 일 없이 태평가를 부를 수 있다. 그리고 자신이 일하 지 않기 위해 남에게 일을 떠넘기거나 세상에 일을 내온 것이

불한당不汗黨들의 세계사다. 나는 땀 흘리지 않고 피 흘린 적 없는 깨달음은 신뢰하지 않는다.

。。

이제는 출근도 하나의 습관이어서, 일터에 나가지 않으면 마음이 자못 불편하다. 연차를 하루 쓴 날은 괜히 죄지은 거 같다. 회사는 나를 칭찬할 때에도 괴롭힐 때에도 나에게 꼬박꼬박 돈을 줬다. 가끔 더 주기도 했고 밀려도 주기는 줬다. 그는 노임勞賃으로 자신의 권능을 입증하면서 나약하고 게으르고 욕심 많은 나를 붙들어 세웠다. 20대 후반까지만 해도 평생이 실업자이거나 떠돌이일 줄 알았다. 내가 번 돈으로 내가 먹을 밥을 사서 먹고, 한 여자를 이토록 오래 먹여 살릴 줄은 꿈에도 몰랐다. 이건 기적이다.

적당히 노동하고 적당히 인내하다보면 하루가 저문다. 선방의 수좌 스님들은 깨달음을 얻기 위해 결연히 화두를 든다. 나는 대처帶妻의 신분이어서 그 시간에 돈 벌 궁리를 하거나 피할 궁리만 한다. 어쩌다보니 이렇게 됐는데, 더 이상 그 '어쩜'을 거부할 기력이 없고 그럴 용기도 없다. 나이들어 바라보는 세상은 나의 늙음만큼이나 시시하다. 미안하지만 결국은 다 돈이더라. 돈이 전부는 아니지만 거의 전부더라. 부

자들만 대자유인이더라. 제일 뻔뻔한 자가 제일 많이 가져가 더라. 빨간파란 이념이 집권하면 빨간파란 사람에게만 자리가 나더라. 빨간 정부가 들어서든 파란 정부가 들어서든, 세금은 올라가더라. 다들 먹고살기가 팍팍하니까 나를 괴롭히는 것 이더라. 보수든 진보든 나한테 잘해주는 인간이 정의이더라. 나는 여기까지 떠내려 왔다.

'생사일대사生死一大事'를 해결하면 깨닫는다고 한다. 생사 일대사를 해결하지는 못했지만 생사일대사가 뭔지는 안다. '태어남'과 '죽음'이라는 '큰 일' 사이를, 수없이 '작은 일'들 이 모여들어 작당하거나 떠들어대는 게 삶이다. 인간의 숙명 적 굴레인 카르마karma를 '일 업業'으로 번역한 건 탁월한 선택 이었다. 줄기차게 일하고 일 벌이고 일을 치르면서 죽었다가, 일하고 일 벌이고 일 치르러 다시 돌아오는 게 결국 인생이리 라. 그래서 나를 짓밟는 사람들도 인간이 아니라 그저 '일'이 라 여기면서 넘어간다. 걸림돌이 말을 한다. 가시덤불이 혼을 낸다. 돌이켜보면, 별의별일들을 용케도 통과했고 별것도 아 닌 것들이 그래도 나를 이만큼 만들어놓았다. 열심히 벌어먹 다보니, 오늘도 벌어먹을 수 있다. 내게는 어쩔 수 없이 세상 이 선방이었다. 그러니 여기서라도 무언가 배워야 했다. 생업 이란 군데군데 독이 발라져 있는 사과와 같지만, 잘만 발라먹으면 또 꽤나 배부르다.

　내가 잠자코 일을 해야 내가 살고 또한 옆 사람들이 산다. "사람이 먼저"라는 자들은 대부분 사람을 털어먹으려던 자들이었다. 나는 그저 나만을 일껏 살아감으로써 남에게 폐가 되지 않으려 한다. 다만 하루치의 살아냄이 쌓이고 쌓여서, 일생이 견딜 만한 것으로 순화되고 재기再起는 꽃핀다. 오직 내가 참고 버틴 만큼만 미래가 되었다. 여울에 걸려 허우적거리는 송사리에게 넥타이를 매어주고 싶다.

풍전등화.

너나
나나
바람 앞의 잡놈.

한 방울의 불씨.

#25
돌아보기

돌이켜 보면, 인생이란 결국 나의 결함과 한계를 확인해가는 과정이었다. 숱하게 좌절했고, 뭔가를 이뤘을 때에도 수없이 실패해야만 겨우 한번 가능한 것이었다. 이제는 다 왔다고 안도하는 순간, 어김없이 함정에 빠져버렸다. 이렇듯 삶이 내게 진정으로 가르쳐준 것들은 지식이나 지혜가 아니라 패배와 절망이다. 이것도 꾸준함의 힘인가. 잊을 만하면 당하다보니, 패배와 절망이 단순히 나를 무너뜨리려고 그런 것 같지만은 않다고 생각한다. 끝내는 별것 아닌 인생이라고, 쓸데없이 기대하지 말라고, 쉬엄쉬엄 살라고 끊임없이 충고하고 채근하고 벌준 것이다. 인생은 과정이 정해진 게임이다. 몇 번 앞서갔으면, 반드시 몇 번 뒤쳐져야 한다.

○

조계종 종정을 지낸 고암古庵 스님이 1982년 2월 불교신문과 신춘新春 인터뷰를 했다.
큰스님들이시여, 어디로 가셨사옵니까?

스님은 여러 이야기를 했는데 이런 이야기도 했다.
속히 사바세계로 돌아오시어 어리석은 우리 중생들을 보살펴주소서!

"대도大道는 뒤로 보면 열려 있습니다. 앞으로 보니까
무문無門이지요."
아침 식탁에 놓인 고등어 한 마리가 웃는 상이다. "자, 어쩔 테냐."

내가 나를 사랑할 순 있어도 내가 나로 인해 마음이 상하지
는 않는다. 내가 나를 미워할 순 있어도 내가 나를 부러워하
지는 않는다. 질투는 희한한 감정이다. 내 것인데도, 나를 죽
인다.

물론 눈깔이 바깥으로 뚫린 짐승들은 항시 엿보거나 노려
보거나 훔쳐보면서 살도록 되어 있다. 질투는 광합성을 하지
못하는 자들의 숙명이다. 남의 불행을 봐야만 눈이 번쩍 뜨
이고 남의 약점을 찔러야만 막힌 혈이 뚫린다. 잠잘 때나 집
을 찾고 영원히 잠자야 할 때나 내면內面을 찾는다. 그들은 한
눈을 팔거나, 정말로 한눈을 내다팔아야만 행복할 수 있다.

ㅇㅇ

집을 나서면 얼굴들이 밀려온다. 모르는 얼굴들의 출근길을 지나면 아는 얼굴들의 사무실이 나타난다. 늙은 얼굴과 젊은 얼굴이 적절히 배열되어 있다. 까만 얼굴과 하얀 얼굴은 거의 만날 일이 없는 직업이다. 다들 노란 얼굴들이고 대부분 노랗게 뜬 얼굴들이다. 사회생활은 먹고살자는 것이지 같이 살자는 것은 아니다. 그래서 남녀 구분은 무의미하다. 그냥 화장한 얼굴과 화장 안한 얼굴로 나누는 편이다.

나는 성실한 직장인이며 근무 중에는 무성애자가 된다. 나를 좋아하는 얼굴이라면 못생긴 얼굴이어도 좋아한다. 예쁜 얼굴이라 봐야 별 도움이 되지는 않는 얼굴이다. 외근을 할 때에도 나는 묶여 있다. 전국 방방곡곡에서 웃어주거나 찡그리면서 뭔가를 기대하거나 회피한다. 내게 살가운 얼굴들과 적대적인 얼굴들의 난립 속에서, 나는 어떤 얼굴로 서 있는 게 좋을지 늘 고민한다. 까만 얼굴이 유리하다 싶으면 검댕이라도 바르고, 하얀 얼굴이 책임자로 오면 덩달아 하얗게 질려 준다.

퇴근시간이 되면 또 다시 얼굴들이 밀려온다. 그들은 하나같이 아까처럼 죽상이지만, 나를 공격하지는 않는다. 고운 마음으로 보면, 울상도 순박한 얼굴일 수 있는 것이다. 사이사이 멋진 뒤태들이 있는데, 자신들이 의도하지는 않은 매력이다. 더구나 뒤통수엔 눈이 달려 있지 않다. 억지로 웃거나 우는 척하지 않아도 되는 가석방들. 이 세상 모든 뒷모습엔 적의敵意가 없다. 그리고 이럴 때나 뒤로 보게 된다. 오늘 나도, 적지 않은 이들에게 앞모습이었겠구나.

◎

싸우는 게 힘들어서
눈을 질끈 감았더니,
말로 하면 풀릴 것을
주야장천 박치기네.

#26

무심 無心

삶은 계속되고, 아파도 삶은 계속되고, 가난해도 삶은 계속되고, 꿈에서도 삶은 계속되고, 삶이 계속되길 바라도 삶은 계속되고, 계속되길 바라지 않아도 삶은 계속되고, 당장 죽을 것만 같아도 삶은 계속되고, 지겨워 죽을 것만 같아도 삶은 계속되고, 구세주가 내려오지 않아서 삶은 계속되고, 구세주가 내려와도 삶은 계속되고, 삶이 삶 같지 않아서 삶은 계속되고, 삶은 삶일 뿐인데도 삶은 계속되고, 계속되는 현실에서도 계속되고, '계속된다'는 생각에서도 계속되고, 계속되는 속에서도 계속되고, 계속되지 않는 속에서도 계속되는데… 계속되어도 좋고 계속되지 않아도 좋다는 속에서는, 귀신같이 계속되지 않는다.

삶은 내 머릿속에서만 산다.

○

"무엇이 청정한 절입니까?"
아무도 살지 않는 섬이 있었다.

조주趙州 스님이 말했다. "두 갈래로 머리 땋아 올린 소녀다."
그 섬에 우연히 사람들이 들어왔다.

"누가 그 절에 사는 사람입니까?"
섬 위에 쟁기가 들여졌고 건물이 올라갔다.

"두 갈래로 머리 땋아 올린 소녀가 애를 뱄구나."
섬은 짐꾼이 되었다.

어려서는 단것을 즐겨 먹었다. 단것이 있는 곳엔 개미가 꼬인다. 개미들의 단것이란 대개 사람들이 먹다가 흘린 것이다. 단것을 만들듯이 창당創黨을 하고, 단것에 홀리듯이 남들의 멀쩡한 행복을 미친놈처럼 빼앗아간다. 그럴 때면 사람이 개미인지 개미가 사람인지 분간이 안 된다. 욕망과 담합의 인류사가 혀끝에서 진득거린다. 또한 단것은 끈끈해서, 한번 발을 디디면 여간해선 벗어나지 못한다. 단것은 그야말로 달콤해서 엄마 젖 냄새가 난다. 그 맛을 뗀지 얼마 안

된 어린이부터 한 모금이라도 젊어지고픈 노인네까지 전부 달려든다.

40대부터는 건강에 대한 걱정이 단것을 멀리 밀어내버렸다. 입맛만이 아니라 인생에서도 단것을 접할 기회는 극히 드물다. 술집에 가면 젊은 남녀들만 화사하고 내 술잔은 없어도 된다. 하기야 사는 게 원래 쓴맛임을 아는 낮살이기도 하다. 하기 싫은 일을 하고 만나기 싫은 사람을 만나야만 그나마 돈이 벌리더라. 알고 보면, 다들 각자 열심히 살려니까 침도 튀기고 남의 발도 밟는 것이다. 무심히 잊어버리고 용서하고 감내하기로 한다. 당뇨의 호수 위에서 허우적거리는 남자들을 바라본다. 어쩌겠는가. 그에겐 그가 먹여 살려야 할 가족이 있고, 나에겐 미처 치워내지 못한 삶이 남아 있는 것을. 그러니 처녀가 애를 배더라도 너무 욕하고 상처주지 말자. 어쨌든 산 사람 아닌가. 산 사람을 살리려는 사람 아닌가.

◎

생각하지 않으면

아무 일도 일어나지 않는다.

생각하니까
이 세상이다.

#27
이해

이 넓은 세상에 네가 살고 내가 산다.
나에겐 나만의 사연이 있고,
너에겐 너만의 역사가 있다.
너나 나나 오래 걸었고 다치기도 했다.
고단한 거리에서 나는 믿는다. 우리가
여기저기서 아가리와 가랑이나 벌리면서
살아온 것은 아닐 것이다.

흉포한 거리에서 나는 울지만,
너까지 가담할까 너를 부르지 않는다.
너의 불행을 늦추려면
나의 불행이 요긴할 수도 있다는 걸 안다.
인간은 살 만할 때나
인간인 것이다.
네가 나를 향해 웃지 않아도,
나의 약점이 너에게로 가서 꽃이 되어도,

네가 살아서 흘렸던 눈물만으로도 너를 용서한다.
그리하여 이제는
네가 술을 마시지 못해도 나는 행복하다.
내가 여행을 싫어해도 너는 자유롭다.

네가 너의 일을 할 때,
나는 나의 시간을 치러낸다.
산봉우리들은 떨어져 있어도
능선을 따라서 다 같은 산이다.
각자가 산다는 것만으로도
우리는 만난 것이다.

네 안에 자라는 늙음을 바라보며
내 눈깔도 개나리처럼 노래진다.
세상이 가장 따뜻할 때는
날이 저물 때다.
너의 뜨거운 소멸이
내게도 물들어 빛난다.
죽음 속에서나,
우리는 비로소 반갑구나.

○

계율戒律을 훤히 이해하고 철저히 지키는 스님을 율사
律師라 한다.
남에게 고민을 털어놓을 필요가 없다.

율사로 정평이 났던 자운慈雲 스님이 옛날에 미얀마로
순례를 떠났다.
90%는 기억을 못 한다.

현지 최대 수도원에 귀빈으로 초청됐다. 스님들만
3,000명, 일하는 재가자까지 포함하면 4,500명이 거주
하는 곳이었다.
10%는 기억을 하기는 한다.

한국에서 온 큰스님을 공양하겠다며 그들이 진상한 음
식을 보자마자 자운 스님은 기겁했다. 밥술과 나물이
나 몇 점 있어야 할 식탁에, 소 돼지 양 닭 오리 등 온
갖 종류의 고기들이 거푸 올라왔기 때문이다.
그중의 절반은 그걸 잘못 이해해서 이상한 소문을 만들어낸다.

진짜 압권은 그 다음이었다. 그쪽 스님들은 거리낌 없
이 익혀진 짐승들의 다리를 부여잡고 게걸스럽게 물어
뜯었다. 속인들의 거나한 회식자리와 다를 바가 없었
다. 한국보다 미얀마가 더 잘 살던 시대다.
나머지 절반은 나중에 약점으로 이용한다.

평소 매일같이 풀떼기만 씹던 터라 끝내 요리에 젓가락도 대지 못한 스님은 겸연쩍어져서 주위를 둘러봤다. 폭이 3미터가 넘는 대형 칠판에 빼곡하게 글자가 적혀 있는 걸 발견했다.

사소한 것은 주변에 큰 영향을 미치지 못한다.

누가 얼마나 시주施主했는지, 얼마나 시주하려고 대기하고 있는지를 기록한 현황판이었다. 그쪽 신도들은 너 나 할 것 없이 스님들을 대접하지 못해 안달을 냈다. 수도원의 승려들이 하나같이 뚱뚱할 수밖에 없는 배경이기도 했다.

그러므로 주변으로부터 큰 관심도 받지 못한다.

평소 동남아시아 불교를 불교의 원조라 존중했고 남방불교 스님들이 누구보다 계율을 철저히 지키리라 믿었던 자운 스님은 자못 실망했다. 저 정도로 많이 먹으니 일종식一種食. 하루에 한 끼만 그것도 낮 12시 이전에만 먹어야 한다는 계율이 가능한 게로군.'

결국 남에게 빼앗기지 않고 내가 계속해서 소유할 공산이 크다.

어른은 본래 제자들의 영화 관람조차 금지했고 사하촌寺下村에서 짜장면이라도 먹고 오면 그 즉시 절에서 쫓아내던 성격이었다. 그런데 미얀마에서 귀국해서는 한동안 이 말을 입에 달고 다녔다고 한다. "봐라." "먹어."

사소한 것이 소중한 것이다.

불교는 동남아시아를 중심으로 한 남방불교와 동북아시아를 중심으로 한 북방불교로 갈라진다. 남북의 불교를 가르는 결정적인 특징 가운데 하나는 승려의 육식을 허용하는가이다. 동남아시아의 승려들은 원칙적으로 노동을 하지 않는다. 대신 아침마다 민가를 돌며 탁발을 한다. 밥을 빌어먹고 대신 복을 빌어준다. 신도들이 주는 대로 먹어야 하니 고기도 먹게 된다. 또한 여기는 영구적인 폭염의 땅. 상하기 전에 신속하게 먹어치우는 게 도리다. 반면 동북아시아의 승려들은 농사를 짓는 전통을 가졌다. 게다가 겨울이 있기도 하고 길기도 해서 저장식이 가능하다. 이쪽 스님들의 채식주의는 '먹을거리가 풍족한데, 굳이 생명을 죽여서 만든 고기까지 먹어야 하는가'라는 반성에서 출발한다. 아울러 농사를 지으려면 '밥심'이 있어야 하니 일종식이 아니라 하루 세 끼까지 먹는다. 이처럼 스님들이 고기를 먹거나 먹지 않게 된 사연에는 각자 그럴 만한 이유가 있다. 그러나 상대방의 고기가 흠결로 보일 때, 상대방의 세 끼가 과욕으로 보일 때, 반드시 싸움이 난다.

° °

내가 습득한 최초의 이해는 '理解'였다. 나중에 '利害'라는 개념도 있다는 것을 새롭게 알게 됐다. 그러면서 이해의 폭이 넓어졌다. 누군가를 사랑하면 그의 무엇이든 '이해'할 수 있다. 누군가를 증오하면 그의 무엇이든 이해해주지 않는다. 한편 누군가가 내게 해가 되지 않으면 그를 이해하지 않는다. 반면 누군가가 내게 손해를 끼치면 그 속셈이 무엇이고 배경이 무엇인지 열심히 이해하려 한다. 내 삶에 별 도움이 되지 않으면 이해할 필요가 없다. 반대로 내 삶에 크게 영향을 끼치면 무조건 이해해야 한다. 그래서 '이해'는 아무리 봐도 한자를 잘못 쓴 것 같다. 이해理解가 아니라 '이해利解'다. 내가 살아야 하니까 이해해야 것이다. 계속 이러다간 끝내 속 터져 죽을 것 같으니까, 용서라는 것도 하는 것이다. 인정받고 싶어서 기를 쓰고 이해하려 했다. 이용을 당해서라도 이해받고 싶었다. 이해하지 않아도 되는 자는 쓸데없이 이해하지 않았다. 상대가 나의 이권이거나 최소한 희망이어야만, 그를 이해하려고 했다. 理解는 利害의 하수인인가 보다. 사정이 이러하니, 이해받기를 포기하는 삶만이 진정 자유롭고 양심적인 삶일 수 있겠다. 세상이 나에게 무슨 짓을 저지르든, 나는 나대로 행복했으면 한다.

◎

나는 너를
이해하고 싶지 않아.

이해한 만큼
너를 이용하려들 테니까.

28

침묵

담화談話의 사전적 의미는 서로 말을 주고받는 일이다. 그렇다면 '뒷담화'는 뒤에서 서로 말을 주고받는 일이다. 곧 뒷담화는 말일 뿐이다. 나를 모르는 자들의 말이며 나를 몰라도 되는 자들의 말이며 결코 내가 될 수 없는 자들의 말이다. 나와는 아무런 상관이 없는 말이며 그들만의 안주거리일 뿐이다. 나에 대해 뭐라고 구시렁대든 한낱 말에 지나지 않는다. 자기가 좋아하지 않는 술안주가 나왔다고 상처받거나 우는 사람은 없다.

ㅇ

부처님이 법문을 하려고 법좌에 오르셨다.
입을 벌린다.

법회의 시작을 알리는 종소리가 울렸다.
밥을 먹는다.

부처님이 자리에서 내려오셨다.

입을 다문다.

초등학생 시절 매주 월요일 아침은 애국조회로 시작됐다. 태극기를 우러러보고 애국가도 4절까지 목 놓아 불러봤지만, 나라 사랑하는 마음은 좀처럼 일어나지 않았다. 사실 원래부터 애국하자고 모인 자리는 아니었다. 어떤 점호點呼 같은 거. 모든 어린이들은 연단에 올라선 교장 한 사람만을 바라봤다. 그가 마이크로 무슨 말을 했었는지는 전혀 기억나지 않는다. 다만 이사장의 며느리였다는 점은 정확히 기억한다. 이렇듯 아주 쓸모없는 자리였던 것만은 아니다. 아이들은 추위에 떨거나 뙤약볕에 조금씩 익어가면서, 어른들 세상이 굴러가는 법칙을 자연스레 익힌다. 무리에서 유독 줄을 잘 서던 아이는 훗날 걸핏하면 회의를 소집하고 노래방에서 마이크를 놓지 않는다.

부처님은 아무 말도 하지 않았다. 그럼에도 해는 뜨고 꽃은 핀다. 아무도 가르쳐주지 않는데, 별일 없이 잘 산다. 기쁨도 슬픔도 때가 되면 기어들어온다. 알아서 완성되어 있다.

◎

할미꽃도 꽃이다.

너도 꽃이 아닐 수 없다.

#29
인간관계

사람을 만나면 흔히 밥을 먹는다. 밥 먹는 입으로 말도 한다. 대화의 절반 이상은 거기에 없는 사람들을 씹는 것이다. 술까지 마시면 더 많이 씹게 된다. 없는 사람들에 대한 적대감이 강할수록 있는 사람들끼리의 유대감은 두터워진다. 이처럼 우정의 기본은 배타排他다. 정치의 기본 역시 내 편과 남의 편을 가른 뒤, 내 편을 남의 편보다 1명 더 많게 만드는 것이다. 머릿수를 채우려고 머리를 굴리는 것이다. 그들에게 나는 돼지머리에 지나지 않는다.

그렇다. 우리가 사람을 만나는 이유는 서로가 서로를 이용하기 위해서다. 돈을 벌든 인맥을 쌓든 정을 쌓든 외로움을 해소하든 스트레스를 해소하든 성욕을 해소하든 혼자 점심을 먹는 쪽팔림을 모면하든⋯. 다만 이용이 잘 안 되니까 실망하는 것이고, 상대방이 마음처럼 안 움직여주니까 상처받는 것이다. 그럼에도 술자리가 탐난다면? 기대 없이 마시고 사심 없이 떠들자. 나 역시 그들에게 고작 사람일 뿐이니까.

2부 걱정하지 마라. 한 번만 살아내면 된다.

○

어떤 유생儒生이 조주趙州 선사를 찾아왔다. 그는 조주가 들고 있던 주장자拄杖子가 갖고 싶었다.
자기 색깔이 분명하면 주변에 사람이 없다.

"스님, 부처님은 중생이 원하는 것은 뭐든 다 들어주신다면서요?"
그래서 대개 가난하고 비천하다.

"응."
가난하다고 죽지는 않는다.

선비가 이틈을 파고들어 주장자를 달라고 졸랐다. 조주는 정색했다.
비천하다고 해서, 실제로 남의 발바닥을 핥아야 할 일까지는 없다.

"군자君子는 자고로 남의 물건을 탐하지 않는다."
그냥 살아라. 충분히 살 만하다.

"저는 군자가 아닌데요."
검소하게 생활했던 도인들은 삶의 전반에서 '엑기스'만 취했다.

"나도 부처가 아니다."
부처는 무슨… 나 하나만으로도 거추장스럽다.

인간세상의 핵심은 인간관계다. '인간人間'이란 단어 안에 이미 그 중요성이 내포돼 있다. 사람들 '사이'에서만 문명이 발생한다. 사람들과 잘 지내야만 돈도 벌리고 일자리도 얻고 연애도 한다. 원만한 인간관계는 풍진 현실의 디딤판이 되어주기도 하고 바람막이가 되어주기도 한다. 잘 올라탄 '라인line' 하나가 10명의 아버지보다 낫다.

그러나 연줄은 절대 공짜가 아니다. 끊임없이 복종해야 하고 사사건건 눈치 봐야 한다. 내 인생을 내가 사는 건지 '그분'이 사용하는 건지 도통 모르겠는 때도 생긴다. 옛 도인들은 '반연攀緣'이라며, 쓸데없는 인간관계를 과감히 정리하고 은둔하기를 좋아했다. '똥 반'을 쓴다. 깨달음에 하등 도움이 안 되는, 말 그대로 개똥 같은 인연이라는 거다. 임금마저도 성가시다며 만나주지 않았다.

첫사랑은 처음에나 사랑이고 어수룩했을 때나 사랑이다. 모든 동창생은 잠재적 사기꾼이다. 이 세상의 모든 승리는 타인의 권리를 빼앗아 이룬 것이다. 윗사람의 갑작스러운 호의는, 미끼다. 아랫사람의 충성은 지혜를 흐린다. 인간관계는 본질적으로 권력관계다. 어느 한쪽은, 반드시 죽는다.

그깟 지팡이, 줄 수도 있다. 하지만 달라는 태도가 너무 재수가 없다. 많은 칭찬엔 독이 발라져 있다. 누군가가 비행기를 태운다면, 비행기를 태워서 멀리 날려버리려는 속셈이다. 섣불리 부처님이 되었다간, 패가망신한다.

사람은 혼자서도 잘 산다. 그럼에도 사람을 원하는 이유는 그 사람의 몫이 탐나서다. 자신의 이익이 두 배로 불어날 것 같은 욕심과 착각 때문이다. 절반만 가져가겠다는 절제가 필요하다.

◎

자유로운 삶이란 하나의 심부름.
주인이 찾아오라는 물건을 찾으러 가게에 간다.
아직 물건은 도착하지 않았다.
주인은 안타깝겠지만 나는 아무렇지도 않다.
나는 할 일을 했다.
욕심 없는 인생은 하느님도 어쩌지 못한다.

30

정체성

세상은 상대적이다. 바라보는 각도에 따라 내용이 달라진다. 예컨대 '사회성'이라고 하면 건전하고 바람직한 품성으로 비춰진다. 반면 '처세술'이라고 하면 왠지 부정적이고 볼썽사납다. 하지만 사회성이나 처세술이나 그 의미는 거기서거기다. 사실 사회성이 좋다는 것은 처세술에 밝다는 것이다. 누군가에게 사회성이 없다고 질책하는 자는 알고 보면 처세술에 능한 자일뿐이다. 절대적으로 진실인 것은 아무것도 없다. 겉만 보고 진실이라고 하거나 권력을 잡으면 진실이 된다. 세상은 그야말로 상대적인 것이어서, 어떻게든 뒤집어씌우려면 뒤집어씌울 수 있다.

○

누가 도제道濟라는 스님에게 물었다.
"무엇이 부처입니까?"

어디서 왔나?

"너는 무엇이냐?"
어디든 간다.

"너는 무엇이냐"고 묻는 자들은 네가 무엇이기를 바라는 자들이다. "너는 어디 출신이냐"고 묻는 자들은 네가 어디에서 태어났기를 바라는 자들이다. "네 아버지 뭐 하시냐"고 묻는 자들은 네가 누구의 아들이기를 바라는 자들이다. 그래야만 적당히 이용해먹을 수 있기 때문이다.

"부처가 무엇이냐"고 묻는 자들도 부처가 무엇이기를 바라는 자들이다. 부처를 적당한 무엇으로 만들어 이용해먹기 위해서다. 자기는 부처가 아니라고 믿는 사람들이 잘 속는다.

◎

틀리면 좀 어때
죽으면 좀 어때

#31
운명

운명이다.

'운명이다'란 말을 들으면 무거웠던 마음이 홀가분해진다. 반드시 내가 받아야 하는 벌이므로, 나는 그 누구에게도 종속되지 않았다는 기분이 들어 뿌듯하다. 또한 내가 잘못해서 받는 벌이 아니므로, 그간의 내 삶이 잘못되지 않았다는 확신을 얻게 된다.

○

《화엄경華嚴經》 법성게法性偈에 이르기를, "하늘에서 보물이 비처럼 내리는데, 중생은 제가 가진 그릇만큼만 받아간다〔雨寶益生滿虛空 衆生受器得利益〕."
천당도 한 세상, 지옥도 한 세상.

그릇이 넓을수록
더 많은 빗물이 담긴다.
마음이 넓을수록
더 많은 행복을 얻어간다.
생각이 넓을수록
삶도 탁 트인다.
바다와 같이 넓은 마음은
누가 돌을 던져도 잘 티가 나지 않는다.
남에게 빨대나 꽂으려는 마음은
빨대처럼 비좁다.
세월과 같이 넓은 마음은
때를 기다릴 줄 안다.
눈앞만 보는 마음은
머잖아 눈이 나빠진다.
보물이 비처럼 내리는데,
빗물만 보인다.
빗물만 보아놓고
눈물을 흘린다.

◎

모기를 손으로 쳐 죽이던 순간,
노숙자가 나타나 담배 한 개비를 얻어갔다.

선방했다.

당장은.

32

무심無心의 경제성

내 인생의 주인공은 내가 아니다. 인생이 온전히 내 것이라면 그럴 수 있다. 하지만 인생은 홀로 존재하지 못한다. 수많은 인생들과 함께 만나고 섞이고 다투면서 살아가게 마련이다. 내 인생에는 셀 수 없이 많은 타인들이 들어차 있다. 내게 밥을 주는 식당 아줌마도 타인이고 내 밥그릇을 빼앗아가는 자도 타인이다. 이처럼 타인들로 가득한 인생이어서, 어쩔 수 없이 서열이 매겨지고 비중이 달라진다.

영화는 예술이라지만 산업이다. 대체로 더 많은 자본이 더 좋은 영화를 만든다. 물론 연기력을 무시할 순 없다. 인생도 그렇다. 투자한 만큼 번듯해지고 사람들이 더 많이 보러온다. 거기다 '연기력'까지 좋으면 인생이 훨씬 더 잘 풀린다. 가면假面이 좋아야 한다.

물론 영화판에서 성공하고 싶은 사람은 많지만 성공하는 사람은 극소수다. 아무리 잘난 사람이라도 어지간해선 조연

급에 지나지 않는다. 내가 주인공이라며 부추기는 자들은 자기가 주인공이 되려고 내게서 돈을 뜯어내려는 자들이었다. 내가 정말 주인공이라면, 단역이라도 따내기 위해 이토록 고생하진 않을 것이다.

세상물정 모를 때는 내가 주인공인 줄 알았다. 세상 무서운 줄 알게 되니까 주인공은 엄두도 내지 않는다. 무대에 올라가기가 계속 두려워지니까 어느 땐가 정말로 무대에 올라가기가 싫어졌다. 고작 나무판때기 위인데, 천당인 줄 알았다. 나의 성공이란 대사를 읽는 일일 뿐이었고, 착한 사람이 된다 한들 지문을 따라 하는 것일 뿐이었구나. 가면을 찢어버리기로 했다.

○

도해道楷 선사가 법좌에 올라 법어를 했다.
길바닥에 돌멩이가 뒹군다.

"부처님도 너를 도와줄 수 없고, 부처님의 말씀도 너를 도와줄 수 없고, 역대 조사들도 너를 도와줄 수 없고, 큰스님들도 너를 도와줄 수 없고, 나도 너를 도와줄 수 없고, 염라대왕도 너를 도와줄 수 없다. 만약 지금 이 순간 최선을 다한다면, 부처님이 너를 어찌할 수 없고, 부처님의 말씀이 너를 어찌할 수 없고, 역대 조사들이 너를 어찌할 수 없고, 큰스님들이 너를 어찌할 수 없고, 내가 너를 어찌할 수 없고, 염라대왕이 너를 어찌할 수 없다. 무엇이 최선을 다하는 것인가? 내년에는 나뭇가지가 새로 생길 것이고, 마음을 어지럽히는 봄바람은 결코 멈추지 않을 것이다."

그야말로 뒹구는데도, 노여운 기색 없이 잘만 뒹군다.

너무 열심히 하면 너무 힘들다. 온힘을 다 하면 일을 끝마치기도 전에 죽을 수도 있다. 그러므로 최선을 다한다는 것은 최선을 다할 필요가 없는 것이다. 그냥 하는 것이다. 아무 생각 없이 묵묵히 주어진 일을 처리하는 것이다. 그래야만 최대한 빠르고 손쉽게 끝마칠 수 있다. '왜 이걸 해야 하지?' '왜 내가 해야 하지?' 이유와 이익을 따지고 들면 거기에 정신이 팔려서 생산성이 떨어질 수밖에 없다. 반쯤은 최선을 다하지 못하고 있는 것이다. 결과가 어떨까 미리 고민하면 결과는 오지 않고 걱정만 온다. 무심無心의 특장 가운데 하나는 경제성이다.

살아간다는 것 자체가 하나의 일이다. 부모가 일을 치러서 지금 내가 여기 있는 것이고, 내가 끊임없이 일을 하기에 하루하루 버틸 수 있는 것이다. 죽음이 부지런히 일을 하니까 세상이 계속해서 새롭게 갱신되는 것이다. 죽음이 몸을 거두어가기 전까지, 몸을 가진 것들은 반드시 일을 해야 한다. 그래야만 먹고살 수 있고 그래야만 일을 덜 치른다. 내 삶은 나의 고유 업무여서, 부처님이 대신 돈을 벌어올 수 없고 큰스님들이 나의 우울증을 대신 앓아줄 수 없다. 길가에 서 있는 나무가 출근길 버스를 기다리는 직장인 같다.

저들도 자기만의 일을 하려니까 나를 괴롭히거나 나쁘게 말하는 것이다. 내가 누군가를 위해 존재하지 않듯 남들도 나를 위해 존재하지 않는다. 모두가 자기를 위해서 사는 자본주의사회에서, 업무방해는 필연적이다. 그러니 누가 성가시게 굴면 그는 사람이 아니라 그저 하나의 일이라고 여기자. 자동차 경적이 빵빵거리는구나 층간소음이구나 생각하자. 나는 불자佛子다. 부처님께서 "일체 만물이 부처 아닌 것이 없다"고 했으니, 저들의 불성佛性을 견뎌야 한다.

존재한다는 것은 노출됐다는 것이다.
하여 그 어떤 시련도 나에게 찾아올 수 있다.

그냥 하고 빨리 하자.
그냥 살고 대충 죽자.

◎

살다보면
꽃길도 있고
흙길도 있다.

저승길에는.

#33
공감

상대방에게 진심으로 다가간다는 것은 오히려 한발 물러나는 것이다. 그가 자유롭게 자신의 삶을 살아갈 수 있도록 일정하게 떨어져서 지켜봐주는 것이다. 관심을 보이는 것과 참견을 하는 것은 전혀 다른 차원의 일이다. 누군가와 마음이 하나가 되는 때는 서로의 이해관계가 맞아떨어질 때뿐이다. 경기장에서 한마음으로 응원할 때처럼 같이 흥분했을 때이거나. 제정신이 돌아오면, 이미 한데 뒤섞여버린 마음을 서로 가져가겠다고 싸우다가 끝내 마음은 찢어지고 만다. 상대의 손을 잡으면 그가 손에 쥔 것도 틀어쥐고 싶다. 떠나야만 그립다. 거리를 둬야만 그의 단점이 아니라 전체가 보인다.

○

불교의 어른이었던 향곡香谷 스님과 성철性徹 스님은 둘도 없는 친구 사이였다. 향곡 스님이 열반하자 성철 스님이 문상을 갔다.

절친한 남자들끼리는 으레 서로를 허물없이 부른다.

"슬프도다. 이 종문宗門의 흉악한 도둑놈아."

정환아, 나도 너에게 ×새끼였다.

"하늘 위 하늘 아래 너 같은 놈 몇이겠나."

너와 있을 때는 ○○놈이어도 즐거웠다.

"업연業緣이 벌써 다해 손 털고 떠났으니, 동쪽 집의
말이 되든 서쪽 집의 소가 되든."

그 옛날의 벗들은 어디에서 무엇을 할까.

"갑을병정무기경甲乙丙丁戊己庚."

어서 와서 나를, 그때처럼 쳐 죽여다오.

바람이 분다. 바람이 불어 삶이 흔들리고 또 바람이 불어
삶이 흩어진다. 눈부신 5월에 걸맞은 5월의 바람이 분다.
맑고 시원한 바람이 나는 좋다. 바람에겐 눈이 없어서 눈을
찡그리지 않는다. 바람에겐 귀가 없어서 앙갚음을 하지 않
는다. 바람에겐 입이 없어서 온몸으로 웃는다. 바람은 아무
것도 가진 게 없어서 어디든 갈 수 있고 누구에게든 무너지
지 않는다. 나는 바람이 될 수 없지만 바람의 발끝이라도

닮고 싶었다. 삶을 아무것도 아닌 것으로 만들고 싶어서, 뭣도 아닌 것으로 치부할 수 있는 용기가 갖고 싶어서 이토록 걸어왔다.

그래, 죽어도 좋다. 나만 죽는 게 아니다. 동쪽 집의 말이 내가 걸었던 길을 걸었을 것이다. 서쪽 집의 소가 나의 아픔을 알 것이다. 갑을병정무기경. 시간이 세월을 삼키고 세월은 시간의 뒤로 나와서는 또 걷는다. 동쪽 집의 말이 못 다 걸은 길을 걸으려면 나는 다시 돌아올 수밖에 없다. 나의 아픔을 알아준 서쪽 집의 소를 사랑하기 위해 또 태어나야 한다. 다음번엔 네가 사람을 해라.

사람에겐
땅이 땅

물고기에겐
물이 땅

새에겐
하늘이 땅.

땅 땅 땅!
두드리면
이제 갈 시간.

#34
하면 된다

일체중생이 부처.
그렇다면,

멍청하면
멍청하게 살면 된다.

한심하면
한심하게 살면 된다.

화나면
화나는 대로 살면 된다.

괴로우면
괴로운 대로 살면 된다.

안 괴로운 척 하니까

더 괴롭다.

화내지 않으면
몸에 화가 쌓인다.

한심하게 살아도
인생 안 끝난다.

멍청하게 살아도
인생은 나아간다.

어떻게 살든
그것은 삶이다.

이러나저러나
그냥 숨 쉬는 것이다.

어찌 되어도
그것은 나다.

이리저리

떠밀리는 게 아니라

날아다니는 것이었다.

○

양개良价 선사가 밥을 먹고 냇가에서 발우를 씻는데,
그 옆에서 까마귀 두 마리가 개구리 한 마리를 놓고 다
투었다.

내가 원하는 삶은 대개 남들도 원하는 삶이다.

서로가 앞서거니 뒤서거니 한입씩 쪼아 먹었고, 개구
리는 조금씩 걸레가 되어갔다.

빼앗아야만 얻을 수 있는 삶이다.

한 승려가 징그럽다는 표정을 지으며 물었다. "어쩌다
이 지경이 되었을까요?"

남들은 원하지 않는데 나는 원하는 삶이 답이다.

양개가 말했다. "너 때문이다."

만족한다거나 감사한다거나.

내가 지나간 자리마다 경쟁이거나 상처다. 시장市場이 서 있
고 누군가의 밥그릇엔 밥이 줄어 있다. 치킨을 물어뜯으면서

고작 티브이나 본다. 남의 소중한 생명을 들여와서는 결국 똥이나 싼다. 내가 껄껄 웃으면 세상의 한구석은 반드시 시끄럽다. 내가 개처럼 벌면 온 동네의 개들이 할 일을 잃는다.

이렇듯 내가 있으니까 네가 아프다. 나의 살아있음이 한없이 미안한데, 내가 있으니까 나도 아프다. 나만 잘 살았으면 좋겠는데 남들도 잘 살고 싶다. 나는 혼자인데 남들은 떼거리다. 반드시 지게 되어 있다. 내가 지나간 자리마다 내가 쓰러져 있고 눈물로도 밥을 말아먹을 수 있다. 그들은 나를 물어뜯고서는 고작 자기 자식 과자나 사준다. 나의 자존심을 짓밟아놓고는 잠이나 잔다. 어른이 되어서도 꾸지람을 듣는다. 개들이 개밥을 던져준다.

나의 살아있음이 한없이 처량한데, 내가 있으니까 나는 살아야 한다. 모든 것이 나 때문이다. 하지만 모든 것은 내 덕분이다. 내가 있으니까 우주가 있다. 아무리 잘난 세상이라도 내가 사라지면 순식간에 멸망한다. 내가 알아주지 않는 부처님은 부처님이어도 무의미하다. 내가 지나간 자리는 내가 기어이 기어서 간 자리다. 언젠가 고기가 될 때까지는 고기를 먹어야 한다. 그것이 인생이고 그것이 순리다. 똥개들은 똥도 먹을 수 있어서일까? 내 손마저도 핥아준다. 이렇게 위로도 해준다. 하면 된다. 그냥 하면 된다. 어떻게든 된다.

◎

쫓겨난 땅에도
벼는 자란다.

낙심하지 마라.
어떻게 살든 최선의 삶이다.

'만큼'이란 의존명사는 이번 생애에 얻어낸 가장 확실한 지식.

내가 먹은 만큼 내가 싼다. 내가 일한 만큼 내가 지친다.
내가 말한 만큼 오해가 쌓인다. 내가 기대한 만큼 나의 실망이
크다. 내가 게을렀던 만큼 남들이 힘들다. 내가 욕심을 낸
만큼 남들이 굶는다. 남을 미워한 만큼 내가 미워진다.
내가 사랑한 만큼 집착이 쌓인다. 내가 지은 만큼 내가
받는다. 내가 저지른 만큼 내게 되돌아온다.

쇠똥구리가 여기저기서 똥을 모아 집으로 바삐 걸어간다.
나도 여기저기다 똥이나 싸면서 오지는 않았을 것이다.

내가 먹은 만큼 내가 힘이 난다. 내가 일한 만큼 조금이라도
이루어져 있다. 내가 말한 만큼 속이 시원하다. 내가 기대한
만큼 나의 희망이 크다. 내가 게을렀던 만큼 그나마 쉴 숨
있다. 내가 욕심을 낸 만큼 남들도 열심히 산다. 남을
미워한 만큼 힘이 생긴다. 내가 사랑한 만큼 누군가는 설렌다.
정말로 내가 지은 만큼 내가 받는다. 내가 해낸 만큼 내게
되돌아온다.

밝음(어둠)이 있어서 어둠(밝음)이 있다.
죽음(삶)이 있어서 삶(죽음)이 있다.
올 것은 반드시 오고 늦게 오더라도 온다.
너무 자책할 것도 자만할 것도 없다.
누구에게나 인생은 승률 5할 언저리의 게임.

#35
그물에 걸리지 않으려면

"스님, 도道가 뭡니까?"

조주趙州 선사가 말했다.
"뜰 앞의 잣나무야."

운문雲門 선사도 말했다.
"똥 막대기지."

뜰 앞의 잣나무는 뜰에 아무도 없어도, 혼자서 열심히 잣을 만든다. 옛날 사람들이 변소에서 휴지 대용으로 쓰던 똥 막대기 역시 나름의 방식으로 세상에 기여한다. 도가 존재의 본질 또는 바람직한 삶을 의미한다면, 그렇게 도는 뜰 앞의 잣나무에도 나타나고 똥 막대기로 거듭나기도 하는 것이다. 도는 뜰 앞의 잣나무여도 좋고 똥 막대기여도 해害가 없다. 대도무문大道無門. 진리에는 문이 없어서, 아무에게나 활짝 열려 있다.

도道는 '길'이라는 뜻이며 그래서 길바닥에 있다. 도는 어디에나 있으며 누구나 도道다. 뜰 앞의 잣나무에게도 똥 막대기에게도 그만의 장점이 있다. 그저 뜰 앞의 잣나무로 보니까 한낱 뜰 앞의 잣나무이고, 고작 똥 막대기로 보니까 똥 막대기로만 취급하는 것이다. 알아주지 않는다고 해서 아무것도 안 한 것은 아니다. 냄새가 난다고 해서 잘못한 것은 아니다.

○

중국 당나라 시절에 삼성三聖 스님이 스승인 설봉雪峰 스님에게 물었다.
"그물을 뚫고 나간 금빛 잉어는 뭘 먹고 삽니까?"
금붕어는 금붙이가 아니다.

"그대가 그물에서 벗어나면 말해주지."
어항을 깨고 나갈 만큼 단단하지 못하다.

"1,500명이나 거느린 큰스님이 말귀도 못 알아듣는군요."
하느님은 하늘에 없다.

3부 낙심하지 마라. 어떻게 살든 최선의 삶이다.

"다 늙어서 주지住持 일을 하려니 여간하겠나."

그래서 하늘은 티 없이 맑다.

선가禪家에서 쳐주는 가장 훌륭한 인간은 그물에 걸리지 않는 인간이다. 삶의 조건과 환경이 어떻든 거기에 구애받지 않는 인간이다. 겉모양에 현혹되지 않는 인간이다. 과거를 묻지 않고 신분에 위축되지 않는 인간이다. 남이 무어라 하든, 제 갈 길 가는 인간이다. 활발발活鱍鱍. 투철한 깨달음에 힘입어 매사에 걸림 없는 도인들의 언행을 '활발발하다'고 한다. 싱싱한 물고기가 팔팔하게 헤엄치는 모습에서 따온 말이다. 활발발한 물고기들은 활력이 넘치고 자유로워서, 자칫 그물에 걸리더라도 그물을 찢어버릴 확률이 높다.

선가에서 상대방이 그물에 걸리나 안 걸리나 떠보는 말을 전문용어로 '징徵'이라 한다. 유혹에 넘어가거나 비웃음에 가슴 아파한다면, 징에 당하는 것이다. 비위 좀 상해보라고 엿돼보라고, 징을 던진 자의 불순한 의도에 말려들어가면서 그가 던진 그물에 사로잡히는 것이다. 삼성과 설봉 둘 다 서로에게 '징'을 던지며 이죽거리는데, 삼성은 삼성대로 설봉은 설봉대로 자기 할 말만 하고 있다. "그대가 그물을 벗어나면 말해주겠다"는 말은 아직 그물에서 벗어나지 못했다는 비하이지만, 삼성은 조금도 불쾌해하지 않는다. "1,500명이나 거느린 큰스님이 말귀도 못 알아듣는다"는 말은 모욕이지만, 설봉은 순순히 받아들이며 외려 농담을 던지고 있다. 삼성은 언제나 여유롭기에 이미 그물에서 벗어난 것이요, 설봉은 언제나 너그럽기에 1,500명이 따르지 않더라도 큰스님이다.

삶이란 결국 징을 받아내는 일이다. 시련도 오고 사고도 당하고 오해도 받고 가지가지다. 삶은 걸핏하면 '징징거린다.' 그런데 징징거리는 아이를 달랠 수 있는 방법은 크게 두 가지다. 과자를 쥐어주거나 안 울 때까지 무시하거나. 과자를 쥐어주는 마음으로 의연하게 감내하는 자세에는 덕이 있다. 세상이 어디로 달려가든, 자기 페이스를 잃지 않고 여유롭게 가는 것도 보기가 좋다. 깨달음이란 결국 완전한 '자기다움'이다. 이번 생 어쨌든 '나'로 태어났으니, 어찌 됐든 '나'로 살다가면 되는 것이다. 죽이 되든 밥이 되든, 죽이 올 때는 죽을 먹고 밥이 올 때는 밥을 먹는다.

◎

설이었다.
"새해 복 많이 받으세요."

누군가 말했다.
"줘야 받지!"

또 누군가 말했다.
"지어야 주지!"

인생은
빚쟁이.

#36
사리

호랑이가 죽어서 가죽을 남길 때 사람은 이름을 남기고 싶어한다. 말로써 자신의 이름을 포장하고 지위로써 자신의 이름을 입증하려 한다. 그런데 인간 사이의 일들은 대개 타협과 조화로만 이뤄지는 것들이어서, 혼자서만 고집스럽게 밀고 나가는 일들은 부딪히거나 엎어지기 십상이다. 내가 뽐내는 일이 아니라 오직 남들이 알아주는 일만이 생명력과 내구성을 갖는 것이다. 곧 내가 부지런히 내 이름을 떠든다 해서 내 이름이 남는 게 아니다. 남들이 내 이름을 자꾸 칭찬해야만 내 이름이 곱게 남는다. 자서전보다는 위인전을 그나마 신뢰할 수 있는 이유이며 자기만을 위해 산 자들에게는 미담이 없다.

물론 남들이 추켜세워주는 인생도 온전히 아름답지는 않다. 이름과 명예에 대한 애정이 큰 사람일수록 잘 사는 모습만 보여주려고 애도 쓰고 기도 쓴다. 혹시라도 남들이 실망할까 잘 살지 못했던 모습은 열심히 숨기고 부정하고 잡아

3부 낙심하지 마라. 어떻게 살든 최선의 삶이다.

떼고 왜곡한다. 정 만회가 안 되면 지갑을 크게 열어서 남의 입을 틀어막기도 한다. 곧 이타적인 사람은 소중한 일생을 정말로 남에게만 쓰다가 끝내버릴 위험이 있다. 더구나 정작 진짜로 즐겁고 달콤한 삶은 대부분 잘 살지 못했던 모습 속에 있다!

행여 잘 살았다 하더라도 남들에게 보이는 모습과 집 밖의 모습으로만 그랬을 수 있다. 집안에선 어찌 살았는지 마음속에선 어찌 살았는지 아무도 모른다. 그러므로 이른바 '잘 살았다'고 하는 것은 필연적으로 타인에 의해서 결정되는 것이고, 나의 진짜 삶과는 무관한 헛것일 따름이다. 무엇보다 타의 모범이 되는 삶이란 내가 통제할 수 없는 삶이며 그래서 비효율적인 삶이다. 아흔아홉 번 잘해줘도 한 번 못해주면 원수로 돌아서는 세상인심은 결코 믿을 것이 못 된다. 반면 혼자 있어도 외롭지 않은 사람은 어디에 있어도 외롭지 않다. 대개 씨발놈으로 불려도 상관없다는 사람이 그 기회를 얻는다.

○

입적을 앞둔 춘성春城 스님에게 누가 물었다.
죽어가는 사람에게 용돈을 뜯는 꼴이다.
"스님께서 열반에 드신 후 사리가 나올까요, 안 나올까
요?"
잘 살았습니까 못 살았습니까?

"필요 없다. 필요 없어."
잘 살았든 못 살았든, 저승 가서 구슬치기할 일 있겠느냐.

"사리가 안 나오면 신도분들이 실망하실 텐데, 걱정되
지 않으셔요?"
남은 이들의 귀감이 되어주소서.

"야 이 XX놈아! 신도 위해 사냐?"
남은 이들의 안주가 되게 할 셈이냐.

　다비茶毘는 불교의 전통적인 장례의식이다. 시신을 장작더
미 속에 넣고 불태운다. 입적한 스님들의 몸을 다비하고 나
면 더러 작은 구슬 모양의 사리舍利가 출토된다. 그 빛깔이 깊
고 영롱하여, 살아서의 오랜 금욕과 인고의 상징으로 받들어
진다. 사리가 왜 만들어지는지는 명확하지 않다. 다만 뼈와
나무가 고열에서 화학반응을 일으키면서 생성되는 결정結晶

이란 추측이 많다. 승려로서의 경력이나 수행의 깊이 따위와 정확히 비례하지도 않는다. 일반인들의 주검을 화장해도 가끔 사리가 나온다. 반면 생전에 덕망이 높은 스님이었는데도 죽어서 사리가 나오지 않는 경우가 있다. 어쨌거나 스님의 사리가 발견된 절에는 수천 명이 몰리고 버스도 대절한다.

사리를 팔면 돈깨나 생기겠지만, 죽을 때 못 가져간다. 내 눈으로 구경도 못 할 것을 위해 삶을 투자하고 싶지는 않다. 더구나 행여 사리를 남기게 되면 누군가 내 몸을 팔아 돈을 벌 것이다. 죽어서까지 매춘에 내몰리는 꼴이다. '사리는 시체의 일부'라고 뭉개면서 경經을 한 줄 더 읽는다. 조개 안에서 진주가 나왔다고 해서 조개가 신성한 것은 아니다. 사리이든 냉면사리이든, 일종의 덤인 것이다. 나를 둘러싼 세상이 덤이듯이.

◎

누구에게나 인생은
입체적이다.

어쩌면 크리스털.

여기저기 모난 대로

반짝거린다.

3부 낙심하지 마라. 어떻게 살든 최선의 삶이다.

37

똥구멍

밤하늘의 저 많은 별들.
굳이 내가 아니어도,
나는 태어나지 않았을까.

처음부터 나는 태어난 게 아니라 태어나진 것이다. 내가 사는 게 아니라 삶이 나를 사는 것이다. 들었다 났다, 가지고 노는 것이다. 부모 원망할 것도 없다. 내가 태어날 줄, 그들이 알았겠는가. 내가 무언가를 이룬 것 같지만, 알고 보면 삶이 허용했기에 가능한 일이었다. 삶이 주인이고 나는 그의 기생충일 뿐이다. 그러므로 삶이 내 뜻대로 되리란 생각은 근본적으로 틀렸다. 다만 삶이 어떻게 살든, 나는 나로서 살자. 삶이 무너지더라도 나는 무너뜨리지 말자. 한 번쯤은 복수를 해야 하지 않을까. 한 번쯤은 주인이 되어야 하지 않을까.

○

계율을 잘 지키기로 유명했던 일타日陀 스님이 고속도로 휴게소에 들렀을 때의 일이다. 보좌하던 젊은 제자는 휴게소에서 파는 삶은 달걀이 무척이나 먹고 싶었다.
금강산도 식후경이니, 살고 싶다면 돌멩이라도 씹어야 한다.

하지만 율사律師를 모시고 다니는 입장에서 차마 속내를 말하기가 어려웠다. 이때 문득 꼼수가 떠올랐다.
하늘이 무너져도 솟아날 구멍은 있으니, 그 구멍에서 밥도 나오고 애도 나온다.

"큰스님, 무정란은 생명이 아니죠?" "응, 아니지." "그럼 무정란은 먹어도 살생이 아니네요."
가재는 게 편이니, 둘 다 요리해 먹을 수 있다.

스님이 제자를 물끄러미 바라보며 말했다. "애야, 이 세상에 청정한 음식이 얼마나 많은데, 너는 왜 하필 똥구멍에서 나오는 음식을 먹으려고 하니."
똥 묻은 개가 겨 묻은 개를 물어뜯고 당선됐다.

닭도 섹스를 한다. 유정란有精卵은 암탉과 수탉이 몸을 섞어서 낳은 알이고 무정란無精卵은 암탉이 수탉과의 교미 없이 혼자

낳은 알이다. 나중에 병아리가 되지 않는다. 죽어도 피 흘리거나 비명 지르지 않는다. 그래서 육식이 허용되지 않는 스님의 신분이어도 먹을 수 있다.

문제는 무정란과 유정란을 구별하기가 좀처럼 쉽지 않다는 거다. 다만 무정란이 조금 더 크고 껍질의 색깔도 진하단다. 그래봐야 피장파장이다. 정 무정란을 골라서 먹고 싶다면 손이 좀 간다. 어두운 조명 아래서 알을 손전등에 비춰보자. 흐릿하게라도 핏줄이 보이면 유정란이요, 안 보이면 무정란이다. 하지만 삶은 달걀이라면 핏줄이 남아날 리가 없지 않은가. 도통 감을 못 잡겠다면 껍질을 까서 노른자 쪽에 배아의 흔적이 남아 있는지 살핀다. 물론 미세하게나마 흔적을 확인하려면 무조건 한입 베어 물어야 한다. 만약 자칫 유정란일 경우 낭패가 아닐 수 없다.

죽은 사람은 말이 없고 닭은 말을 못 한다. 반면 산 사람은 말을 할 줄 안다. 최후의 방법은 달걀을 파는 휴게소 점원을 괴롭히는 것이다. 무정란을 삶은 게 맞는지, 맹세할 수 있는지 물어본 뒤에 확답을 받아낸다. 점원이 자기는 모르겠다거나 도대체 그걸 내가 어떻게 아느냐고 치받으면, 사장을 부르라고 소리를 친다. 어이없어 할 사장도 모르겠다고 하면,

계란을 가게에 공급한 양계업자의 연락처를 내놓으라고 생난리를 친다. 어안이 벙벙할 양계업자에게 무조건 무정란 확인서를 요구하고 핸드폰으로 찍어서 보내라고 한다. 어차피 무정란을 찾아내고야 말겠다는 목표에만 골몰한 상태이므로, 볼썽사나움이야 행인들의 몫이요, 부끄러움이야 지인들의 몫이다. 신선놀음에 썩었을 도끼가 여기서 썩는다.

모든 행패가 성공적으로 마무리되면 기어이 달걀을 먹을 수 있다. 그때부턴 마음 편하게, 닭의 똥구멍을 핥으면 된다. 버스와 친구들은 이미 떠났고 휴게소는 머잖아 문을 닫을 테지만, 똥구멍이 참 달다.

◎

오늘도 여기저기서
'존재감' 타령.
남보다 더 많이 먹고
더 많이 싸기 위해.

#38
좋은 말씀

선가禪家의 전통 가운데 하나가 불립문자不立文字다. 선사들이 말을 아끼는 이유는, 천하가 이미 다 말해주었기 때문이다.

아침이 오듯이 행복이 오고 저녁이 오듯이 불행이 오는 것이다. 끊임없이 오고가고 반드시 오고가는 게 인연因緣이다. 아무리 높이 나는 새라도 필히 둥지에 내려앉아야 한다. 또한 쉼이 여물면 다시 도약할 수 있다. 자신의 잎사귀를 물어뜯던 염소의 시체를 빨아먹으며, 나무들은 복수를 한다. 지금 배부르다고 계속 배부른 것 아니다. 방금 태어난 아기가 아까 도살당했던 짐승처럼 운다.

영원히 가질 수도 없지만 영원히 피할 것도 없다. 겨울에는 해가 늦게 뜨지만 언젠가는 뜬다. 자살하지만 않으면 분명히 만날 수 있다. 여름에는 해가 빨리 뜨지만 큰 의미는 없다. 내가 죽으면, 같이 죽는다.

○

베스트셀러 《무소유》의 저자로 유명한 법정法頂 스님에게 중년신사가 다가왔다.
산에 있는 걸 좋아하는 이에게 명함 돌리기 좋아하는 이가 들러붙었다.

"스님의 책을 샀다"면서, 책표지에 서명書名과 함께 "좋은 말씀 한번 적어달라"고 졸랐다.
팬인데요, 웃겨주세요.

스님은 "그냥 책에 적힌 대로 살면 되지 않겠느냐"며 거절했지만 남자는 막무가내였다.
책 한 권 산 건데, 사람을 산 줄 안다.

마지못해 스님은 그에게서 펜을 넘겨받았다. 큼지막한 글씨로 이렇게 써줬다. '좋은 말씀'
꼭 성공해서 세상의 중심이 되시라고, 가운뎃손가락을 보여드렸다.

"마음 비우고 살라"는 말을 들었다고 마음 비워지지 않는다. "걸림 없이 살 줄 알라"는 말을 들었다고 신호등 앞에서 멈추지 않아도 되는 것은 아니다. "착하게 살라"는 말을 들었다고 남들이 착해지지는 않는다.

언어는 이토록 무능하다. 책 속의 삶은, 책일 뿐이다. 책에

3부 낙심하지 마라. 어떻게 살든 최선의 삶이다.

서 가르친 대로 살다가 잘못되어도, 책은 책임져주지 않는다. 물론 덕담을 들으면 제법 위안을 얻는다. 그러나 말에 대한 기억은 힘이 약하다. 얼마 안 가 또 그 모양이다. '우이독경牛耳讀經'이라지만 소의 잘못은 아니다. 귀는 밥을 먹지 못한다.

말들의 모략과 행패에 오늘도 가슴 앓으며 살아간다. 그래서 가끔은 '좋은 말씀'을 들으러 산으로 올라간다. 사실, 다리가 더 튼튼해져 있다. 넘어져야만 일어설 수 있고 할퀴어져야만 아무는 것이다. 좋은 말씀이 '되어서' 산을 내려온다.

◎

'그림의 떡'이
나를 비웃고 있다.

#39
생식기

누가 큰돈을 벌었다면 혹하고 누가 나를 비난해도 혹한다. 불혹不惑을 한참 넘었건만 인생이 그다지 신통치는 않다. 다만 나이가 들면서 대견하다고 생각하는 것 가운데 하나가, 더 이상 '정의'라는 개념에 혹하지 않는다는 것이다. '적의敵意'를, 술 취한 조물주가 잘못 쓴 것이다. '저의底意'를 자판에 급하게 두들겨도 그런 단어가 나올 수도 있다. 스스로 "깨끗하다"는 자들은 행여 자신들의 몸이 더러워질까 염려하여, 항상 입에 걸레를 물고 있다.

○

춘성春城 스님이 어느 날 전철을 탔다. 객차 안에서 '불신지옥, 예수천국' 피켓을 들고 전도를 하던 개신교인이 그에게 다가왔다.
나의 도덕은 방임放任이었다.

"스님, 죽은 석가모니 따위 믿지 말고 부활하신 우리 예수님을 믿으시오. 그래야 천국 갑니다."
조언을 하는 것보다 압박을 주지 않는 게 먼저라고 여겼다.

춘성이 물었다. "부활이 뭐요?"
도와주기보다는 건드리지 않는 것을 선호했다.

"죽었다가 다시 살아나는 것이 부활이오. 석가는 다시 살아나지 못했지만, 우리 예수님은 부활하셨소. 예수가 훨씬 위대하니 예수를 믿으시오."
'힘내라'는 말은, 힘내기 어렵다는 걸 알고 내뱉는 조롱이다.

춘성이 되물었다. "죽었다가 다시 살아나는 게 부활이라… 이 말이오?"
사람은 누구나 혼자서도 잘하는데, 혼자 살면 못쓴다면서….

"그렇소."
자기 숟가락을 얹는 사람들이 있다.

춘성이 기다렸다는 듯이 내질렀다.
"그럼 너는 내 좆을 믿어라! 내가 지금까지 살면서 죽었다가 도로 살아나는 것은 좆밖에 보지 못했다. 더군다나 내 좆은 매일 아침마다 부활한다. 예수가 내 좆하고 같으니 너는 내 좆을 믿어라!"
굳이 당신이 개입하지 않아도, 이 지옥은 반복되리라.

나의 불교는 반反기독교에서 출발한다. 물론 예수님은 존경한다. 다만 '하나님아버지'란 말에 손쉽게 결론을 내렸다. 내 아버지도 못 믿겠는데 어떻게 남의 아버지를 믿나. 그때 나는 친구가 필요했지 아버지가 필요한 게 아니었다.

결코 행복했다고는 말하지 못하는 인생이다. 삶이 너무 힘들 때에는 차라리 신神을 믿을 걸 그랬나 싶다. 무슨 신이든 만들어서 의지할 걸 그랬나 싶기도 하다. 이러다가도 신세가 좀 나아진다 싶으면 잔뜩 움츠려서 벌벌 떨던 나는 또 다시 피어나 일어섰다. '발기'라고 해도 좋다. 아플 때는 싹싹 빌어놓고, 멀쩡해지면 내가 제일 잘났네 거들먹거렸다. 우리는 지금 좀 서먹하지만 반드시 사이좋게 지낼 수 있을 것이다. 나도 당신처럼, 힘이 없으면 절망했고 힘이 생기면 탕진했다.

나의 시간은 자주 흔들렸고, 팽창과 수축을 반복하던 자존감은 이제 너덜거릴 건더기조차 얼마 남지 않았다. 고작 구멍 난 풍선 하나 갖자고 아등바등 헐떡인 지난날이 더없이 한심하다. 그렇게 자아의 고갈과 범람 사이를 수없이 오가다 보니, 이제는 '좆같다'는 말이 단순히 욕설로 들리지가 않는다. 삶 전체가 그것이었다. 내가 죽여 버리려는 나와, 그래도 살려야 하지 않겠느냐는 내가 시계불알처럼 덜렁거린다.

3부 낙심하지 마라. 어떻게 살든 최선의 삶이다.

여전히 신을 믿지는 않는다. 아직은 살 만한 것이다. 그렇다고 나를 믿지도 않는다. 나처럼 될까봐 애도 낳지 않았다. 하기야 이딴 하소연들이 다 쓸데없는 게, 사실 '나'라는 건 관념이 아니라 철저히 현실의 영역에 있기 때문이다. 믿고 자시고 할 것 없이, 살아있다면 어쨌거나 지켜내야 할 생필품일 뿐. 잘 살아야만, 살아지는 건 아니더라. 내가 미워도 나는 살아지더라. 거울 앞에는 아버지가 아니지만 아버지나 다를 바 없는 몸뚱이가 비친다. 용하다 용해! 그래도 나를 지탱하는 일부라고, 끼니도 안 되는 고깃덩이가 나를 보며 꼬리를 흔든다.

◎

반성하지 마라.
패배했을 뿐이다.

비난하지 마라.
당신도 그랬었다.

40

우울증에 관한 약간의 상식

스트레스를 안 받는 사람은 없다. 안 받는다면 거짓말이다. 살아있다면 스트레스는 무조건 받아야 한다. 나무가 흔들리는 것처럼 사람도 흔들리고, 끓는 물이 부글거리는 것처럼 사람도 부글거린다. 어찌 됐든 살아야 하기 때문이다. 맥박이 뛰듯이 마음도 널뛰는 것이다. 삶의 하중荷重이 바로 삶이다.

열심히 사는 사람이 스트레스를 더 많이 받는 법이다. 소중한 자신을 지키기 위해 그만큼 더 노력을 해서다. 마음이 아프다는 것은 살아있다는 명백한 증거다. 미래에 대한 불안이 크고 과거에 대한 미련이 클수록, 현재에 충실한 사람이다. 스트레스를 많이 받는 사람은 자기를 사랑하는 사람이다. 아름다운 사람이다.

○

혜가慧피 스님은 천재였는데 나이 사십에 우울증에 걸
렸다.
아는 것이 병이다.

눈보라를 뚫고 달마達磨 스님을 찾아갔다.
많이 알면 많이 앓는다.

혜가는 스스로 팔을 자를 만큼 마음의 병세가 심각했다.
너무 많이 알면 많이 잃는다.

혜가 : 스님, 괴롭습니다. 저의 마음을 치료해주십시오.
적게 알면 적게 잃는다.

달마 : 그 아프다는 마음을 가져와봐라. 그러면 치료
해주겠다.
알아야 할 것만 알면 크게 덜 앓는다.

혜가 : 아무리 찾아보아도 마음을 찾을 수 없습니다.
100살을 살았다고?

달마 : 나는 너를 편안하게 해주었다.
죽으면 0살이다.

우울증은 즐거운 기분을 일으키는 세로토닌, 노르에피네프린, 도파민 등 호르몬의 불균형에서 발생한다는 게 현대의 정설이다. 호르몬은 뇌하수체에서 만들어지므로, 결국 우울증은 일종의 뇌질환인 셈이다. 일례로 우울증에 걸리면 인지능력과 업무능력이 크게 저하된다. 평소에 아무렇지도 않게 하던 일을 갑자기 할 수 없게 되는데, 이것 역시 뇌 손상에 따른 결과다. 지독한 무력감과 죄책감도 머리를 다쳐서다.

몸이 다치면 피가 난다. 뇌가 다치면 조금 달라서 망상이 일어날 뿐이다. 그러므로 우울증을 치료하려면 마음이 아니라 일단 뇌부터 치료해야 한다. 참선한다고 해결되지 않는다. 결코 혼자 힘으로 극복할 수 없다. 반드시 병원에 가야 하고 전문의가 처방해주는 약을 먹어야 한다. 마음을 편히 먹는다고 폐병이 낫거나 기분전환을 한다고 부러진 다리가 금세 붙지는 않는다.

어떤 사람들은 우울증 환자에게 "기운 내라"고 하고 "자식들 생각해서 마음 단단히 먹으라"고 한다. 우울증에 걸려보면 그런 소리 못한다. 어떤 종교인은 "다 용서하고 훌훌 털어버리라"고 충고한다. 하지만 암세포를 용서할 수 있는가. 누군가를 미워한다면 그가 그만한 잘못을 너에게 저질렀기 때문이다. 미워할 만하니까 미워하는 것이다. 결코 너의 잘못이 아니다. 누군가를 싫어하는 것은 권리다. 그러나 누군가가 싫다고 그를 괴롭히는 것은 범죄다. 미워한 놈이 아니라 밉다고 괴롭힌 놈이 나쁜 놈인 것이다…. 이런 식으로 무조건 위로하고 지지해야 한다. 칭찬은 고래 말고도 뇌도 춤추게 한다. 어떤 의사는 우울증 환자에게 허락되는 조언은 이것 하나뿐이라고 말한다. "나는 네 편이다."

잘못된 통념도 빨리 바로잡아야 한다. 마음이 언짢을 순 있어도 마음이 찢어질 순 없다. 절망할 순 있어도 마음이 무너지진 않는다. '마음이 아프다'는 건 착각이다. 뇌가 고장 난 것이다. 마음은 어디에도 없다. 그러므로 아플 수 없다. 고대인들은 마음이 심장에 있다고 봤다. 하지만 심장은 있지만 마음은 없다. 심장은 병들 수 있지만 마음은 병들지 않는다. 현대인들은 마음이 뇌에 있다고 본다. 하지만 뇌는 있지만 마음은 없다. 뇌는 자를 수 있지만 마음은 잘라지지 않는다. 단언컨대 마음은 아프고 말고 할 것이 없다. 그럼에도 마음이 아프다면? 대책이 없다. 너는 죽어서도 아플 것이다.

◎

뇌에도 똥구멍이 있나 보다.

생각이 쌓이면
변비가 된다.

#41
견딤

인간이 밥을 먹는 까닭은 무엇인가. 그딴 거 없다. 그냥 밥을 먹을 수밖에 없기 때문이다. 잠을 자는 이유도 마찬가지다. 불면증에 시달리더라도 결국은 새벽에라도 잘 수밖에 없는 것이다. 살아가는 이유 역시 그렇다. 죽네 사네 속을 끓여도, 끝내는 살 수밖에 없는 것이다. 애당초 살 수밖에 없도록 생명은 설계되어 있다. 잔뜩 풀이 죽어 있을 때에도 왜 심장은 미친놈처럼 펄떡이는가. 자라봐야 더러워질 뿐인데도 왜 손톱은 무럭무럭 질긴 발걸음으로 자라나는가. 그저 살아지니까 살아가는 것이고, 살아있으니까 어떻게든 살아내야 하는 것이다. 대개는 삶에서 특별한 의미를 찾으려다가, 부모를 원망하거나 멀쩡한 직장을 그만두거나 자살에 손을 댄다.

즐기면서 잘 살아보려고 했는데, 삶이 먼저 와서 잔뜩 벼르고 있다. 그렇게 진정한 삶은 내가 원하는 삶이 아니라 내게 주어진 삶이다. 전자는 아예 없거나 저 멀리에 있지만,

후자는 지금 당장 있고 눈앞에 시퍼렇게 살아있다. 살아있는 것들은 죽어도 살아가야 한다. 나에게 주어진 현실은 말 그대로 나에게만 주어진 것이어서, 그것이 없으면 나는 살 수가 없다. 그러니 웬만하면 사랑해주자.

끊임없이 드나드는 호흡은 '웬만하면 자살하지 말라'며 어깨를 토닥인다. 좀처럼 털어내지 못하는 아픔도 멱살을 잡고선 '살으라 살으라' 한다. 침울하거나 억울할 때마다 몸속의 백혈구들을 생각한다. 이놈의 비루한 육신을 그래도 거둬 먹여보겠다고 불철주야 뛰어다니는.

○

일본에 잇큐一休라는 선사가 살았다. 그가 죽음에 이르자 그를 믿고 의지하던 제자들은 불안에 떨었다.
지구는 둥글다.

잇큐가 편지 한 통을 내어주며 말했다. "곤란한 일이 있을 때 이걸 열어봐라. 조금 어렵다고 열어보면 안 된다. 정말 힘들 때 열어봐라."
결국 세상의 종말은 세상의 시작이다.

세월이 흘러 절에 큰 문제가 생겼다. 제자들이 모여 아무리 지혜를 짜내도 해결책이 나오지 않았다. 마침내 스승의 편지를 열어보기로 했다. 그러나 막상 잇큐가 편지에 남긴 글은 단 한 줄이었다.

물방울도 둥글다.

"걱정하지 마라. 어떻게든 된다."

바다에 빠져도, 사이좋게 잘 지낸다.

견딘다는 것은 단순한 감정이 아니라 하나의 힘이다. 바람이 불 때 풀은 누워야만 뽑혀서 날아가지 않는다. 그의 누움은 굴복이 아니라 눕는 힘이다. 슬픔이 올 때 사람은 울어야만 말라죽지 않고 버틸 수 있다. 그의 울음은 치욕이 아니라 나무에 물을 주는 힘이다.

마음에 힘이 있어야만 능히 인내할 수 있다. 순간적인 압박을 반복적으로 가해야 근육이 발달한다. 작은 고통들을 참을 줄 알아야 비로소 큰 고통을 감내할 수 있다. 근육이 찢어져야만 근육이 커진다고 한다. 시련은 아령이고 굴욕은 역기다.

최선을 다했는지는 모르겠으나 열심히 살기는 했다. 패배

하기는 했으나 잘못한 것은 아니다. 너희가 무어라 한들 내가
살아온 자취가 뒤바뀌는 것은 아니다. 내가 살아온 만큼 나는
무엇이든 해냈던 것이다.

울어라,
투명해질 것이다.

#42
쇳가루

삶은 고통이다. 아니라고들 하지만 지금도 그렇다. 고통은 끝이 없다. 고통은 늘 같은 모습으로 찾아오는 것도 아니요, 같은 방법으로 괴롭히는 것도 아니다. 어쩔 도리 없다. 내가 삶에 자리 차지하고 앉은 만큼, 삶은 나를 가만두지 않는다. 세입자는 늘 불안한 법이다. 특히 욕심을 내거나 조급해하면 절대 용서가 없었다.

○

통도사 경봉鏡峰 스님은 1982년 7월17일 입적했다. 생의 마지막을 앞둔 스님에게 제자 하나가 물었다.

살아서 못 한 효도 죽어서라도 할라치면, 꼬박꼬박 묘소를 찾아가라.

"스님이 가시고 나면 어디서 스님의 모습을 뵐 수 있겠습니까?"

다리가 아프면 죄책감이 덜할 것이다.

경봉이 좌우를 돌아보며 입을 열었다. "야반삼경夜半三
更에 대문 빗장을 만져보거라."
너도 곧 죽을 테니 면피가 될 것이다.

대낮에는 대낮으로 가득하다. 대낮의 세상은 너무 밝고 환하
게 드러나 있어서, 아무거나 다 가질 수 있을 것만 같다. 한
껏 달아오른 유채꽃이 팬티도 안 입고 뛰어논다. 나는 고것이
매우 반가워서 열심히 달려간다. 쏘아놓은 화살 같은 그 길에
가지가 부러지고 잔디밭이 쑥대밭이 된다. 뭔가 실수했다고
직감하지만, 눈이 부셔서 잘 안 보인다.

그러나 아무리 벌건 대낮이어도, 밤은 기어이 온다. 주간晝
間에 부지런히 나다녔을 열기들은, 천지간 곳곳에 부딪치느라
때로는 상처도 줬을 열기들은, 빠르게 내려앉아 식는다. 땅거
미 주변에는 녀석이 먹다가 흘린 빛들의 시체들이 널려 있다.
호수에 반짝이는 햇살이, 깨진 유리조각으로 보이는 나이는
반드시 온다.

삼경三更은 밤 11시부터 새벽 1시까지를 가리킨다. 산사의
여름밤은 유난히 쌀쌀하다. 대낮에도 남들처럼 나대지 않고
조용히 지내서 그런 모양이다. 쇠로 만든 문빗장은 더욱 차

갑다. 한밤중 견고한 냉기는 두 눈을 부릅뜬 듯 매섭다. 남들 다 자고 있는데 혼자만 깨어 있다. 옛날 스님들은 과거의 시간 개념을 쓰면서 우직하게 살았다. 굳게 닫아 건 마음에는 어둠이 틈입하지 못한다. 나도 문빗장이 되고 싶다. 수행이 부족했다면, 쇳가루라도 되고 싶다.

◎

불행하다면
그만큼 행복했었다는 증거
앞으로는 행복하리란 예언

시간이 나를 어루만진다.

43

버틴다는 것의 의미

지푸라기라도 잡으려고 강물에 뛰어들었다. 지푸라기라도 잡고 싶어서 지푸라기처럼 살아간다. 지푸라기라도 잡을 생각에 지푸라기라도 잡는 심정으로 마음을 온통 채운다. 지푸라기라도 잡을 힘을 얻으려고 그의 지푸라기가 되어주었다. 지푸라기라도 쓸모가 있어서, 남의 집 초가지붕 위에 걸터앉아 품삯을 받는다. 지푸라기라도 지푸라기는 지푸라기여서, 지푸라기임을 거부할 수 없으나 그렇다고 포기할 수도 없다. 그래서 지푸라기라도 잡으려고 죽도록 헤엄을 친다. 지푸라기라도 10원은 받아낼 수 있어서, 바늘처럼 생긴 지푸라기로 번번이 휘어지면서도 열심히 삶을 찌른다. 지푸라기라도 소중해서 꾸역꾸역 밥을 먹는다. 지푸라기라도 몸통이어서 쉽사리 꺾지 못하고 잘 꺾이지도 않는 성질을 지녔다. 지푸라기를 이어 붙였더니 나의 목숨이 되었다.

○

누가 조주 스님에게 물었다.
"이제 막 절에 들어왔습니다. 가르침을 내려주십시오."
빈 그릇에만 밥이 담긴다.

"밥은 먹었는가?"
그릇이 비어야만 새로운 밥을 먹을 수 있다.

"먹었습니다."
그릇을 씻어야만 새로운 밥을 얻을 힘이 생긴다.

"그럼 발우를 씻어라."
설거지가 부처님이다.

특별히 이룬 것도 내세울 것도 없는 삶이다. 늘 헛돌았고 겉돌았다. 삶은 아둔한 나를 실컷 부려먹었고 가지고 놀았다. 죽을 뻔하기도 하고 죽으려고도 했지만 여전히 살아있다. 삶은 내가 없으면 심심할까봐 나를 버리지 않았고 나는 꾸역꾸역 살아있다. 봉우리를 겨우 넘으면 더한 봉우리가 기다리고 있었다. 다리가 어디로 달아나지는 않아서 그걸 넘어서고 또 넘어섰다. 먹고살려다 보니 여기까지 왔다. 밥벌이가 등불이었다. 행복하다 싶을 때는 삶이 잘 전진하지 않았다. 비관의 힘만이 오래갔다. 내가 쓰러지면 다들 비웃었고 내가 이겨내야만 비로소 웃어줬다. '부처님'보다 거룩한 말이 내게는 '버틴다'는 말이었다. 나의 땀냄새를 더 믿는다.

◎

장엄한 일출.

지혜광명이
어둠을 태워 죽인다.

#44
두 '개'의 이야기

전생에 한 번은 개였단다.
내가 개로 태어났던 걸까.
개가 나로 태어난 걸까.

○

누군가 조주 스님에게 물었다.
"개에게도 불성佛性이 있습니까?"
나도 행복해질 수 있을까요?

"없다."
아니.

"부처님은 일체 중생이 모두 불성을 가지고 있다고 했
는데요."
왜 나만 불행해야 합니까?

"그에게 업식業識이 있기 때문이다."
너만 없으면, 행복해질 거다.

불성佛性이란 훗날 깨달아 부처가 될 수 있는 잠재력을 뜻한다. 업식業識이란 간단히 말하면 습관이다. 현재의 생각과 행동에 영향을 미치는 과거의 생각과 행동을 가리킨다. 습관이 계속되면 운명이 된다. 업식이 바르지 않으면 미래도 바르지 않다. 개처럼 살아가면 개가 되는 것이다. 스스로 개밖에 안 된다고 여기면 개밖에 안 되는 것이다. 술 마시면 개가 되거나 목전의 이익에 개처럼 헐떡거리는 자에겐 불성이 없어도 좋다. 개새끼가 깨달아봐야, 세상에 무슨 도움이 되겠는가.

조주는 말을 바꾸기도 했다.
한입으로 두말하면, 재밌다.

또 누가 물었다.
"개에게 불성이 있습니까?"
되는 대로 살기로 했습니다.

"있다."
기어이 네가 행복을 알았구나.

3부 낙심하지 마라. 어떻게 살든 최선의 삶이다.

"그렇다면 왜 개의 가죽을 뒤집어쓰고 있습니까?"
그래도 가끔은 우울하겠죠?

"그가 알면서도 일부러 자폭해버린 것이다."
행복하다고, 안 우울하겠니?

개나 소가 깨달았다는 이야기는 못 들어봤다. 사람만이 글을 읽고 사람만이 공부를 하고 그래서 사람만이 깨닫는 것이다. 곧 깨달음이란 인간만의 전유물이다. 불성이란 것도, 인간에게만 해당되는 개념이다. 개에게 불성이 있든 없든 그것은 중요하지 않다. 짐승은 인권人權을 궁금해 하지 않는다. 알고 보면 개 눈깔처럼 해맑은 눈동자도 드물다. 구름보다 드높은 제왕이 어디에 있던가. 바람보다 자유로운 도인이 어디에 있던가.

인생에 정답이 있을까. 성공한 사람들을 보면 정답이란 게 있는 것도 같다. 내 인생은 정답과 거리가 멀다. 내가 가르칠 수 있는 건 실패뿐이다. 그렇게, 남의 인생이나 정답이 될 수 있는 것이다. 다만 개가 개로 살아간다고 해서 특별히 문제가 되지는 않는다. 개밥도 밥이다. 아무데서나 교미를 한다고 해도 상스럽지만 엄연히 즐거움이다. 내 인생은 정답이 될 필요가 없다.

내가 언젠가 개로 살았을 때 개로서의 삶을 자책했겠는가. 그저 개로서의 조건을 감내하고 활용하며 그 어떤 개보다도 열심히, 개처럼 살았을 것이다. 쓰러지면서도 두리번거리면서도 결국은 그때의 목숨을 치러냈을 것이다. 그리고 개판에서 단련되고, 죽어서 개고기로 바쳐질 정도로 건강했던 그 힘으로 지금 환생한 것인지도 모른다. 그래서 '어떻게 살았다'가 아니라 '내가 살았다'는 게 그만큼 중요한 것이다. 삶이란 내가 만든 결과이고 내게만 주어지는 결과이므로, 그것을 살아갈 권리 또한 오직 나에게만 있다. 모양은 개였어도 충실했으면 괜찮다. 개는 개같이 살아야 한다.

'개이득' 좋아하는 마음은
개를 잡아먹는 마음.

#45
정진

폭염이 뜨겁더라도 틀린 것은 아니다. 얼음물이 차갑더라도 잘못된 것은 아니다. 다 그대로 진실이고 순리인 것이다. 좀 뒤처졌더라도 틀린 것은 아니다. 가끔 쓰러지더라도 잘못된 것은 아니다. 어쨌든 열심히 걸어가고 있는 것이다. 잘 가고 있는 것이다.

비록 실수를 했더라도 그때 그 시간이 실수했을 뿐 너의 전체가 실수를 한 것은 아니다. 너에겐 셀 수 없이 많은 날들이 장전되어 있다. 고작 실개천인데도 열심히 흐르는 실개천을 바라보며 다짐한다. 어차피 죽을 거, 살아는 보자.

존버. 불교에서는 이를 '정진精進'이라 한다.

○

《선가귀감禪家龜鑑》에 이르기를, "버리겠다는 둥 구하
겠다는 둥, 그게 다 자기를 더럽히는 짓이다[捨著求著 皆
是汚染]."
가장 중요한 음식은, 맹물이다.

살다보면 올라갈 때도 있고 내려갈 때도 있다. 내려갈 때는
인생 전체가 내려앉는 것 같다. 마음도 따라 내려앉히면 좀
나아진다. 내가 잘못한 게 아니라 세상이 나에게 잘못한 것이
다. 나는 잘못한 것이 아니라 밀려난 것일 뿐이다. 못되어서
밀려나는 게 아니라 덜 못되어서 밀려나는 것이다. 또한 충분
히 올라갈 만하니까 내려가기도 하는 것이다. 그래도 나니까,
이만큼 나를 살아낸 것이다.

　내 삶에는 버릴 게 하나도 없다. 버릴 게 있다면 버려야 한
다는 생각뿐이다. 구할 것이 있다는 생각도 문제다. 모든 신神
은 귀신이다. 포기하면 깨달음이다.

어두운 과거는,
어두우므로 잘 안 보인다.

조금만 더 힘내면
잊을 수 있다.

#46

약藥

조직검사 받는다고 병원에 이틀 입원했다. 뜬금없이 낮달이 떠서 병실 창문을 비췄다. 달빛은 마음의 안쪽으로도 들어온다. 목숨을 걸어야 숨 한 번 쉬는 말기 환자들에게서 본다. 그 옆에서 자기 아들 성적을 걱정하는 간호사에게서 본다. 딱하든 얄밉든, 다들 자기 삶에 열중하고 있다. 각자도생의 공간에서 나는 느꼈다. 내 잘못이 무엇이었고 내 처지가 어떻든 간에, 살아있다면 어떻게든 살아내야 하는구나. 그게 전부였고 그게 진리였구나.

우울증은 자살만 하지 않으면 극복할 수 있는 것이었다. 암은 자살 따위는 거들떠보지도 않았다. 평소 추임새처럼 달고 다니던 '지겨워 지겨워'라는 푸념이 거짓말처럼 쏙 들어갔다. 제 몸을 찢어야만 남들이 알아주는 앰뷸런스 사이렌에게서도 본다. 시끄러운 게 아니라 절실한 것이었구나. 암은 아니었는데 느끼는 것이 많았다. 낮달은 주사기에 담기지 않았는데도 약藥이었다.

3부 낙심하지 마라. 어떻게 살든 최선의 삶이다.

솔직히 별로 살고 싶지 않은데 막상 죽을 수도 있다니까 또 살고 싶어진다. 모르겠다. 그냥 될대로 되어라. 어차피 내가 사는 게 아니었다. 삶이 나를 붙들고 가는 것이었다. 가는 데까지, 한번 가봐라. 산다는 것밖에는, 할 수 있는 일이 없구나.

○

운문 선사가 말했다. "약藥과 병病이 서로를 다스린다. 온 세상이 모두 약이니, 어떤 것이 자기 자신인가?"
개똥도 약에 쓰려면 없는 까닭은,
안 아플 때 철저히 무시했기 때문이다.

평균수명은 높아지고 평생직장은 사라졌다. 무럭무럭 자라나는 명줄을, 늙어가는 밥줄이 따라가지 못한다. 목숨이 늘어났다고 건강까지 늘어나는 것은 아니다. '유병장수有病長壽'가 인류의 기본조건이 됐다. 언젠가는 무조건 도태될 것이다. 폐지를 줍다가 조금씩 폐지가 되어갈 거라고 생각한다. '이만치 살았으면 됐다' 싶은데도 자꾸 살아지면, 그때부터 삶은 야근이다. 약값을 벌러 나갈 때면, 밥값을 벌러 나갔을 때가 사무치게 그리울 것이다.

육체가 쇠하면 정신도 쇠한다. 말라비틀어지는 몸처럼 더 야박해지고, 갈수록 줄어드는 폐활량처럼 더 옹졸해진다. 나이를 먹을수록 목숨의 길이에 대한 욕망이 인생의 깊이에 대한 고민을 압도한다. 죽음이 패배로 느껴진다. 내가 못마땅해 하고 또는 나를 못마땅해 하는 저놈보다는 오래 살겠다는 집념으로, 오늘의 불만과 수모를 견딘다. 약도 꼬박꼬박 챙겨먹고, '없어 보이는 놈'은 약을 올리고, '있어 보이는 놈'에겐 부지런히 약을 친다. 세월이 약이라지만, 어떤 때는 쥐약이다.

그러나 제아무리 100살을 산들, 삶은 기어이 끝난다. 내가 나를 기억할 수 없고 내가 나를 알아줄 수 없는 상태로 돌아가고 만다. 그토록 물고 빨던 '나' 역시, 결국엔 '저놈'이 되는 것이다. 치매에 걸리면 그 경지를 미리 맛볼 수도 있다. 남을 미워할 시간에 나를 멀리하는 연습이나 더 하기로 했다. 아무거나 먹고 되는 대로 산다. 모르는 게 약이라기에, 죽음은 버려두었다.

3부 낙심하지 마라. 어떻게 살든 최선의 삶이다.

◎

잘 살자니까
괴로운 것이고

더 잘 살자니까
죽이고 싶은 것이다.

금을 돌처럼 보듯,
나를 남 보듯 하라.
행복은 거기에 있다.

#47
쌀값

불교에서는 우리가 살아가는 이 땅을 '사바세계'라 한다. '사바沙婆'는 범어梵語 '사하saha'의 음역이다. 'saha'는 '감내한다 sah'는 의미의 동사에서 만들어진 말이다. 의역意譯으로는 사바세계를 인계忍界, 인토忍土, 감인토堪忍土 등으로 옮긴다. '참을 인'을 쓰거나 '견딜 감'을 붙여서 쓴다. 즐거움을 참는다거나 견딘다고 하지 않는다. 곧 사바세계란 본질적으로 괴로움을 참아야 하는 세계이고 괴로움을 견뎌야 하는 세계다. 왜 그래야 하고 왜 그렇게 생겨먹었는지는 알 수 없다. 아무튼 벌 받으러 오는 곳이고 죗값 치르러 오는 곳이다. 불행은 내가 무슨 죄를 지어서 여기에 왔는지, 자기가 내게 왜 왔는지 가르쳐주지 않는다. 그저 태어난 게 죄라서 할 말이 없다. 나무가 바람에 흔들리는 이유는 나무가 뭘 잘못했기 때문이 아니다. 그냥 거기 서 있었기 때문이다.

○

중국 양자강 이남에 위치한 여릉廬陵은 아열대 기후의 곡창지대다.

교통과 통신의 발달로 인해

예부터 쌀이 많이 나서 사람들이 많이 모인다.

안 가도 되는 곳들을 가고, 듣지 말아야 할 것들을 듣는다.

여릉에서 온 사람이 청원靑原 선사에게 물었다. "불교의 궁극적 본질은 무엇입니까?"

인류가 한 가족이 된 덕분에

청원이 말했다. "여릉의 쌀값은 얼마이더냐?"

아무도 못 믿게 됐다.

'여릉'은 꼭 '여릉'이 아니어도 좋다. 서울에도 부산에도 쌀값은 형성된다. 쌀을 주식으로 하지 않는 나라이더라도 쌀값은 존재한다. 쌀이든 콩이든 밀이든, 입이 썩어문드러질 때까지는 입에 자꾸 무얼 넣어줘야 하는 것이 우리들의 운명. 쌀값은 만국 공통의 현실이며 무게다. 쌀값을 무시하고 살 수 있는 국민이 없고, 쌀값을 고민하지 않는 정치도 없다.

끊임없이 오르내리는 쌀값은 자기처럼 부지런히 일하라고

재촉한다. 사람들은 각자의 재능과 노력과 팔자로 그날그날 정해지는 쌀값에 반응하거나 해를 입거나 기여하며 살아간다. 모두가 쌀값의 자손들이며 조각들이다. 쌀값이 내주는 문제를 부지런히 풀다가, 신선한 입을 달고 찾아오는 이에게 밥벌이를 교대하고 떠난다. 쌀값이 부여한 임무를 예외 없이 수행하면서 쌀값이 지정해준 계급을 나름대로 버틴다.

조국이 망한다손 쌀값이 소멸하지는 않는다. 당신이 죽는다손 쌀값은 어디 가지 않는다. 제아무리 날고 기는 자라도 쌀값의 위쪽으로는 날지 못한다.

◎

성장이란,
노화老化였다.

기력이 다 하니까
욕망도 체념한다.

욕먹지 않으려면
귀를 먹어야지.

#48
해탈

명상가들은 "현재에 집중하라"고 한다. "지금 이 순간이 가장 소중한 순간"이라고도 한다. 하지만 어디까지가 현재인가. 1초 뒤까지인가 1분 뒤까지인가. 지금 이 순간이란, 숨한 번 쉬면 금세 지나가버리는 순간이다. 사실 시간은 끊임없이 연결되어 있다. 우리가 과거를 그리워하고 미래를 기대하는 이유는 과거와 미래가 현재와 이어져 있기 때문이다. 추억할 수 있는 이유는 현재와 과거가 만나고 있기 때문이고, 준비할 수 있는 이유는 현재와 미래가 만나고 있기 때문이다. 과거의 실수를 반복하지 않으려고 과거의 시간을 다시쓰고, 목표를 향해 열심히 노력하려고 미래의 시간을 앞당겨쓰기도 하는 것이다.

과거와 현재와 미래는 한 몸이다. 그리고 모든 존재는 시간의 영원한 미로에 몸을 맡긴 여행자들이다. 다들 되돌릴수도 없고 빼돌릴 수도 없는 그 속에 갇혀 있다. 시간이 허락하는 시간까지만 그들은 살 수 있다. 행여 멋지게 잘 살았다

3부 낙심하지 마라. 어떻게 살든 최선의 삶이다.

손 시간이 눈감아주었기 때문이다. 그러므로 이러구러 시간을 견뎌왔다면, 그것만으로도 훌륭한 삶이다. 어떻게 살아왔건 간에, 지금까지의 삶이 바로 최선의 삶이었던 것이다.

시간은 무한대의 시간을 살아왔다. 굳이 깨달으려 하지 않아도, 삶의 경험이 어마어마해서 깨닫지 않을 수가 없다. 초침이 뚜벅뚜벅, 쉬지 않고 걸어간다. 결국엔 제자리인데도, 쉬지 않는다. 이게 답이라고, 이것뿐이라고 말해주는 것 같다.

○

누가 석두石頭 스님에게 물었다.
"해탈解脫이란 무엇입니까?"
벗어나고 싶니?

"누가 너를 묶었니?"
삶을 벗어나면 너는 죽는다.

"정토淨土란 무엇입니까?"
깨끗해지고 싶니?

"누가 너를 더럽혔니?"
똥을 못 누면 너는 죽는다.

사람은 눈으로 보고 귀로 듣고 코로 맡고 혀로 맛보고 몸으로 촉감을 느낀다. 불교에선 이러한 감각작용을 '식識'이라고 한다. 각각 안식眼識, 이식耳識, 비식鼻識, 설식舌識, 신식身識이라 하며, 여기에 의식意識을 더해서 6식이 된다. 의식이란 일반적으로 말하는 생각을 일컫는다. 불교에선 생각도 하나의 감각으로 여기고 있음을 알 수 있다. 하긴 마음도 때로는 눈깔을 뒤집기도 하고 돈 냄새를 귀신같이 알아채기도 한다.

눈이 보지 못하고 귀가 듣지 못하고 코가 맡지 못하면 삶이 매우 불편해진다. 혀가 맛보지 못하면 독약을 들이키기 쉽고 몸이 고통을 모르면 과다출혈로 죽기 쉽다. 감각은 결국 생존을 위해 존재하는 것이다. 생각도 마찬가지. 괴로우면 생각이 많아지고 즐거우면 아무 생각이 없어진다. 위험이 닥치거나 상황이 불리하게 돌아갈 때마다 사람은 온힘을 다해 궁리하고 계산한다. 살아남으려면 끊임없이 생각해야 하는 것이다. 이성理性입네 지혜입네… 이름은 그럴듯하게 갖다 붙이지만, 실상은 눈알을 굴리듯이 머리를 굴리는 것일 뿐.

3부 낙심하지 마라. 어떻게 살든 최선의 삶이다.

결국 생각이란 일종의 방어본능이어서, 내게 좋은 것만을 바라거나 내게 유리한 쪽으로만 해석하게 마련이다. 보편적이고 객관적인 진실과는 아무런 관계가 없다. 세상이 '이렇다'는 건 이쪽에 서 있는 자들의 생각일 뿐이고, 세상이 '저렇다'는 건 이쪽에 서 있는 자들을 배 아파 하는 자들의 생각일 뿐이다.

생각은 결핍에서도 온다. '정토가 어딘가에 있다'는 생각은 '지금 여기는 정토가 아니다'라는 생각에서 발생한다. '언젠가는 해탈이 올 것'이라는 희망도 '아직도 해탈이 오지 않았다'는 절망의 반쪽이다. 생각이 지닌 또 하나의 특징은 분석이다. 문제를 잘게 쪼개놓아야만, 내가 어디까지 피할 수 있는지 무엇까지 가질 수 있는지 누구까지 내 편이 되어줄 수 있는지… 정확하게 판단할 수 있는 법이다.

삶이 괴로운 까닭은 정말로 삶이 괴로워서가 아니라 내가 임의대로 생각을 잘라서 쓰던 버릇에서 비롯된 것일 수도 있다. 이렇다저렇다 분별하지 말아야만, 삶과 화해할 수 있다. 내 몫을 갈라놓고 나면, 나머지는 모두 나의 적으로 돌아선다.

◎

"해탈을 버려야
비로소 해탈한다.
정토를 떠나면
거기가 정토다."

이러고 논다.

3부 낙심하지 마라. 어떻게 살든 최선의 삶이다.

죽을 만큼 힘들 때 읽는 책

초판 1쇄 발행 2019년 9월 26일

지은이   장웅연

펴낸이   오세룡
기획 · 편집   이연희 김영미 박성화 손미숙 김정은
취재 · 기획   최은영 곽은영
디자인   남미영 innat@hanmail.net
          고혜정 김효선 장혜정
홍보 · 마케팅   이주하

펴낸곳   담앤북스
          주소   서울특별시 종로구 새문안로3길 23 경희궁의 아침 4단지 805호
          대표전화   02-765-1251
          전송   02-764-1251
          전자우편   damnbooks@hanmail.net
          출판등록   제300-2011-115호

ISBN 979-11-6201-190-4 (03180)

정가 **15,000원**